Dados Internacionais de Catalogação na Publicação (CIP)
(Câmara Brasileira do Livro, SP, Brasil)

Orser, Mary.
  Mudando seu destino : novos instrumentos dinâmicos de astrologia e de visualização para formar o seu futuro / Mary Orser e Richard A. Zarro ; [tradução de Heloisa Martins-Costa ; revisão técnica de Marion Yurgel Gorenstein]. — São Paulo : Summus, 1991.

  Bibliografia.
  ISBN 85-323-0149-5

  1. Astrologia 2. Inteligência 3. Visualização 4. Zodíaco I. Zarro, Richard A. II. Título.

91-1874

CDD-133.5
-131
-133.52
-153.

Índices para catálogo sistemático:

1. Astrologia 133.5
2. Mente : Recursos intelectuais conscientes : Psicologia 153
3. Visualização : Técnicas : Ciências ocultas 131
4. Zodíaco : Constelações : Astrologia 133.52

MUDANDO O SEU DESTINO

NOVOS INSTRUMENTOS DINÂMICOS
DE ASTROLOGIA E DE VISUALIZAÇÃO
PARA FORMAR O SEU FUTURO

MARY ORSER E RICHARD ZARRO

summus editorial

Do original em língua inglesa
CHANGING YOUR DESTINY — Dinamic new astrological and visualization tools to shape your future
Copyright © 1989 by Mary Orser e Richard A. Zarro
Publicado por acordo com a Harper & Row Publishers, São Francisco

Tradução de:
Heloisa Martins-Costa

Revisão Técnica de:
Marion Yurgel Gorenstein

Capa de:
Isabel Carballo

Proibida a reprodução total ou parcial deste livro, por qualquer meio e sistema, sem o prévio consentimento da Editora.

Direitos para a língua portuguesa adquiridos por
SUMMUS EDITORIAL LTDA.
Rua Cardoso de Almeida, 1287
05013 — São Paulo, SP
Telefone (011) 872-3322
Caixa Postal 62.505 — CEP 01295
que se reserva a propriedade desta tradução

Impresso no Brasil

Richard A. Zarro dedica este livro à sua família: seus pais, Eugene e Vita, que lhe ensinaram o poder do amor, da persistência e da fé. A seu irmão, Ronald, por sua fantástica pesquisa e seu apoio. À sua filha, Hope, uma criança-milagre, alegria de sua vida e prova viva da existência do paraíso.

Mary Orser dedica este livro a todas as pessoas sensatas e profundas conhecedoras das estrelas, que nos ajudaram a conhecer o Universo, e a todos os agentes de mudança que trabalham para transformar o mundo.

AGRADECIMENTOS

A produção deste livro foi obra de um trabalho de equipe. Gostaríamos de agradecer especialmente a:

John Grinder, Judith DeLozier e associados, pela alta qualidade do seu trabalho e mágica, tanto nos seminários como na orientação no nível pessoal. Nossos agradecimentos especiais por terem desenvolvido essa fabulosa tecnologia.

Michael Talbot, por suas conversas inspiradoras e livros estimulantes.

John Anthony West, que partilhou conosco sua pesquisa para a edição revista do *The Case for Astrology* (escrito em co-autoria com Jan Toonder), publicado em 1990.

Scott Siegel, nosso agente, por sua suave persistência e por acreditar no nosso projeto.

Mark Salzwedel, por sua visão e orientação.

Peter Blum, por sua hábil edição do livro e seus conselhos.

Sheryl Stewart, por seu constante carinho.

Carol McDonald, por sua dedicação desde o início, quando o livro era apenas uma idéia.

Catherine Sklarsky, por suas pesquisas cuidadosas e intuitivas da mitologia astrológica.

Marian Tortorella, por sua inteligente compilação dos atributos e afinidades dos signos e planetas zodiacais.

Carol Marks, por sempre ter acreditado em nós e por seus conselhos.

Megan Denver, pelo seu trabalho no computador e apoio emocional.

SUMÁRIO

Prefácio: Dançando no ponto ômega 9
Introdução: Exame da trama celestial 15

1. **Como ativar o potencial astrológico 21**
   Podemos dirigir, de maneira positiva, a maneira como nossa vida reflete as conjunções celestes.

2. **Por que a astrologia funciona? 33**
   Novas descobertas científicas demonstram a inter-relação dos campos físicos, biológicos e da consciência com seus respectivos conteúdos.

3. **A mente encantada 51**
   Você, um espírito, dirige a informação holográfica e o sistema de recuperação, através do poder da concentração e da visualização.

4. **Relaxando para encontrar seu potencial 71**
   A visualização autodirigida pode mudar não somente a visão que se tem da realidade, mas até os acontecimentos reais.

5. **O Zodíaco da transformação 87**
   Áries, 92; Touro, 95; Gêmeos, 98; Câncer, 101; Leão, 104; Virgem, 107; Libra, 110; Escorpião, 113; Sagitário, 117; Capricórnio, 120; Aquário, 123; Peixes, 127.

6. **Os planetas da transformação**   133
   O Sol, a Lua e os planetas são como seres arquetípicos que expressam os temas universais do Zodíaco.
   Sol, 134; Lua, 136; Mercúrio, 136; Vênus, 138; Marte, 139; Júpiter, 140; Saturno, 141; Urano, 143; Netuno, 143; Plutão, 145.

7. **Os aspectos da transformação**   147
   Os ângulos entre os planetas do círculo do Zodíaco caracterizam seus relacionamentos.

8. **As casas da transformação**   159
   A expressão das energias planetárias fica afetada por sua orientação para a Terra, em um local e tempo específicos.

9. **O futuro transformador**   169
   Podemos ler a partitura da música cósmica com a qual estaremos dançando e coreografar um espetáculo inspirado.

10. **Como transformar os temas do nosso tempo**   179
    Conjunções planetárias singulares nos últimos anos do século XX predizem um ponto decisivo na vida dos seres humanos.

11. **A transformação aquariana**   191
    O início da Era de Aquário eleva nossa consciência pessoal, orientando-nos para renovar, de forma cooperante, o nosso mundo.

Apêndice   199

PREFÁCIO

Dançando no ponto ômega

★

*Em todo o mundo agora,
sob a nova atmosfera espiritual... flutuam, em um estado
de extrema sensibilidade mútua, o amor de Deus e a fé
no mundo: os dois componentes essenciais do Ultra-humano.
Os dois componentes estão "no ar"... Mais cedo ou
mais tarde, haverá uma reação em cadeia.*
TEILHARD DE CHARDIN

★

Este é um momento extraordinário e excitante para se estar vivo. É o tempo de milagres e encantamento que nos foi prometido através dos séculos. Antigas profecias se concretizam; segredos esotéricos se revelam simples. Em termos astrológicos, estamos na Era de Aquário, uma era dourada de paz e iluminação espiritual.

É um tempo de grandes transformações, tanto pessoais como globais. Hoje, com o surgimento de novas descobertas e tecnologias nos campos da ciência, da psicologia e da espiritualidade, todos podem atingir estados de alto grau de superioridade e desempenho, antes reservados a poucas pessoas — e somente após anos de estudo e prática. Atualmente, muitas pessoas estão atingindo altos níveis em curtos períodos, mesmo em empreendimentos que antes pareciam inatingíveis.

Por exemplo, até alguns anos atrás, andar sobre brasas era uma habilidade secreta restrita aos sacerdotes de Bali ou aos monges do Tibete. Para os espectadores, era mágica. Hoje, nos Estados Unidos, sem gastar muito e numa única noite, mais de cinqüenta mil pessoas das mais variadas origens aprenderam a andar sobre brasas, a temperaturas de

1.000 graus. Como disse o autor de ficção científica Robert Heinlein: "A mágica de um homem é a engenharia de outro".

Essa nova engenharia nos proporciona uma poderosa tecnologia para traçar nosso futuro e o do mundo. Podem-se atingir estados de iluminação — estados de autotransformação — sem passar anos em mosteiro oriental ou ocidental. Da mesma forma que podemos provocar a destruição instantânea do planeta, podemos também causar a iluminação instantânea.

Temos à disposição o conhecimento e a tecnologia indispensáveis para prover as necessidades básicas de todos os habitantes deste planeta. É só *fazer* o que já sabemos. Por exemplo, produzimos mais alimento do que necessitamos — e é possível organizar uma rede de transportes e distribuição para que todos possam ser alimentados. Quando um número suficiente de seres humanos visualizar e trabalhar para termos um planeta em que todos sejam bem alimentados, esse planeta existirá.

O fator estimulante é a nova palavra de ordem: "Nós somos o mundo", que está transformando a vida de um número cada vez maior de pessoas, tornando-as transformadoras, "agentes de mudança", como são chamadas por Peter Russell. "Pense em termos globais, aja em termos locais."

A mudança de vida rápida e radical está acontecendo, quer gostemos ou não. Ou aprendemos a amar e cuidar do nosso planeta, de nós mesmos, e uns dos outros, ou acabaremos por destruir nossa vida com uma das terríveis tragédias com que a imprensa nos adverte diariamente — desde o buraco cada vez maior da camada de ozônio até a recente praga da AIDS. Ou aprendemos a perdoar e a nos ajudar mutuamente ou seremos todos destruídos. A brutalidade tornou-se um lugar-comum e aparece na televisão tanto nos noticiários como nos filmes, mostrando não apenas dramas pessoais, mas a tragédia das 57 guerras que ocorreram apenas em 1989. Pessoas que têm medo em grupo criam desastres em grupo. (A palavra *desastre*, originalmente, significava "estrela negativa", e este livro se propõe transformar estrelas negativas em positivas.) Mas a energia expressa na destruição pode transformar-se em construção, o conflito pode tornar-se cooperação, para a criação de um mundo melhor.

Devemos e iremos procurar recursos mais vívidos se quisermos sobreviver. A profecia de transformação deve se concretizar, dadas as várias crises deste planeta e as imensas decisões que teremos de tomar na próxima década. Essa é a nossa herança espiritual. E há instrumentos à nossa disposição para nos ajudar a despertar nossos corações e mentes, a fim de oferecermos o melhor de nós. O presente que o universo nos deu é ser a pessoa que somos. O nosso presente para o universo de Deus é a pessoa em que nos transformamos.

★

Neste livro, apresentaremos alguns desses instrumentos, mas antes gostaríamos de contar como ele foi escrito.

Richard: Tenho o prazer de conhecer Mary Orser há quinze anos. Sua reputação como astróloga é bem merecida — ela escreveu quatro livros sobre o assunto e ajudou a desenvolver o Astrodeck, um jogo de cartas que explica a astrologia. Mary já realizou milhares de leituras de mapas e dezenas de seminários, participou de programas de televisão no horário nobre (*David Susskind Show*). Ela é uma das líderes do pensamento astrológico. Suas credenciais incluem uma licenciatura em jornalismo, pela Universidade do Texas, e um mestrado em psicologia pela New School for Social Research.

Mary é uma das pessoas mais coerentes que conheço. Vive aquilo em que acredita de tal maneira que outras pessoas tomam-na como modelo daquilo que desejam ser. Sendo vegetariana há quarenta anos, seus movimentos e aparência são os de uma pessoa jovem. Muitos ficam surpresos ao saber que ela tem 64 anos. Sua casa é simples, maravilhosa, com piso de pedra e teto de vigas, no alto da montanha, em Catskills. Sua vida é maravilhosamente equilibrada entre uma profunda prática espiritual e os serviços que presta através da metáfora astrológica, ajudando centenas de pessoas a ter uma vida mais produtiva e satisfatória, tanto do ponto de vista espiritual como material.

Foi uma grande honra para mim tê-la entre os espectadores que assistiram aos sete seminários de "Futureshaping Technologies — TM" ("Tecnologias de modelagem de futuro") que organizei para os funcionários do Omega Institute, em Rhinebeck, Nova York — um centro New Age (Nova Era) que conseguiu recentemente um reconhecimento e aceitação internacionais em publicações "tradicionais" discordantes e imprevistas, como a revista *Fortune*.

Mary foi testemunha das grandes mudanças ocorridas nos cinqüenta participantes do seminário no período de sete semanas, à medida que assimilavam a tecnologia Futureshaping e a aplicavam a suas vidas. Também observei um súbito brilho em seus olhos e sua concordância ao explicar minha teoria unificada no campo da hipnose, denominada "Holographic hypnosis" e "Holographic NLP" (Hipnose holográfica e PNL holográfica), que incorporam uma combinação excepcional de física quântica, zen, sonhos lúcidos e programação neuro-lingüística (PNL), hipnose ericksoniana, o campo-M, do dr. Sheldrake, a hipótese Gaia, do dr. Lovelock, a teoria da mente holográfica, do dr. Pribram, e o potencial ilimitado do poder que chamamos amor.

Mary e eu decidimos nos encontrar para conversar sobre a relação dos desenvolvimentos das técnicas de Futureshaping com as novas evoluções na compreensão da astrologia que estão surgindo a partir dessas excitantes teorias.

Mary: A astrologia inclui vários níveis de compreensão, cada um mais empolgante e iluminador que o outro. Enquanto passava de um a outro desses níveis, tenho visto como o poder dessa arte e ciência esclarece e transforma nossa vida. Mas compreender é uma coisa; transformar, outra.

Já conhecia algumas técnicas de mudança de consciência, como a meditação, visualização e auto-hipnose. Já vi essas técnicas operarem mudanças importantes não só em mim, como em outras pessoas. Também sabia que as técnicas de Richard eram facilmente assimiladas e muito eficientes em ajudar as pessoas a perceberem e usarem recursos e potenciais pessoais, muito além do que poderiam imaginar. Vinha gente de todos os cantos dos Estados Unidos e da Europa para assistir a seus seminários e cursos intensivos.

Portanto, fiquei entusiasmada com a oportunidade de assistir à síntese e à expressão da mudança de consciência incrivelmente dinâmica de Richard. Quando participei dos seminários de Futureshaping Technologies (TM) no Omega Institute fiquei impressionada com aquilo que vi e senti. Richard reuniu um conjunto de técnicas dinâmicas que produziam resultados impressionantes. Além disso, ele explicava por que essas técnicas funcionavam, dentro do contexto das novas descobertas da ciência. Essas mesmas técnicas que ajudaram milhares de pessoas a atingir um estado de excelência serão apresentadas ao leitor nos próximos capítulos deste livro.

Aquele dia, no jardim japonês de Richard, ele me contava as técnicas de criação de estados de excelência que só podem ser descritos como sendo de autotransformação. Eu lhe dizia como a nova ciência está novamente colocando a astrologia dentro de um contexto significativo. Desde os primórdios da história, os povos têm usado o Sol, a Lua, os planetas e as estrelas para navegar, não apenas em suas jornadas por terra e mar, mas também nas jornadas da vida, dirigindo nações ou simplesmente sua vida pessoal.

Este livro pôde ser concretizado porque percebemos que a união da arte e da ciência da astrologia à arte e à ciência da transformação possibilita atingir estágios de excelência na expressão de potencial astrológico restrito a poucas pessoas.

A TRANSFORMAÇÃO

Qualquer que seja a tecnologia ou técnica usada para mudar o destino ou conseguir concretizá-lo, se não for feito com amor, não se atingirá a finalidade dessa jornada maravilhosa e misteriosa a que chamamos vida.

Nascemos em um momento astrológico específico, que determinará alguns incidentes holográficos que teremos de enfrentar. A vida é o guru, o professor. A vida é paciente — se não acertamos da primeira vez, o incidente se repetirá. As repetições são conhecidas como padrões de expressão da nossa vida. Nenhum padre, pastor, místico, guru ou monge tem o número de telefone secreto de Deus. Se alguém disser o contrário, está mentindo.

O dr. Ronald Zarro diz em suas palestras: "Deus tem um número de emergência. Pode-se ligar diretamente para ele. A era dos gurus acabou. Devemos confiar em nós. E ligar diretamente para Deus, sem intermediários".

Os *ismos* e as *logias* são apenas instrumentos, como os encontrados neste livro: técnicas de relaxamento, visualizações, poderosas metáforas astrológicas. O leitor deve experimentá-los, escolher o melhor e descartar o resto. Em seguida, deve usar seus próprios instrumentos pessoais, para melhorar ainda mais sua vida, tornando-a mais divertida, mais excitante, mais próspera, espiritual e materialmente. Ao fazer isso, a vida das pessoas do seu círculo também melhorará. Elas começarão a se amar e confiar mais em si próprias, e, por sua vez, outras pessoas também serão afetadas por esse fluxo positivo, que continuará, modificando o mundo todo.

Você tem muito mais poder do que imagina. Adiante descrevemos novas descobertas, especialmente a teoria de campo-M, do dr. Rupert Sheldrake. Então será possível entender como cada pequena mudança em *nossa* vida afeta o mundo de maneira antes considerada impossível. Donald Keys, em seu livro *Earth at Omega*, diz:

> "Isso não significa que todos devem tornar-se santos ou fanáticos espirituais... para que a humanidade possa sobreviver. Embora, devido ao calor e à pressão das atuais circunstâncias, é provável que nossa época produza mais do que a cota normal de pessoas excepcionais. Para evitar a catástrofe, precisaremos de um grupo importante de pessoas — e até mesmo de nações — que adotem a boa vontade como expressão dominante nos aspectos pessoal e internacional... Cada um de nós deve se tornar mais consciente, mais completo. Nosso papel é o de cooperar de forma consciente, transformando-nos em bons administradores, não mais separados uns dos outros, e sim alinhados com o pulsar da finalidade da vida no planeta."

Ao nos tornarmos mais conscientes e alinhados com o pulsar dos nossos dons astrológicos, poderemos facilitar nossa jornada.

Peter Russell disse no *Global Brain*:

> "A transformação da sociedade aguarda a transformação do ser — pelo menos, do número suficiente de seres — para atingir o equilíbrio. O mais urgente, em termos planetários, é que cada um dê o seu próximo passo adequado. Quando o investigador transformado torna-se um conhecedor, ele se transfigura numa

força poderosa para a unificação humana. O ser íntimo dessa pessoa se manifesta, telegrafa, se irradia através da rede global das sutis interligações humanas e... eleva o todo... cada pessoa será como uma parteira do maior acontecimento da história da humanidade: o nascimento da entidade global."

Então as profecias dos antigos astrólogos sobre a alvorada da era dourada e iluminada de paz e prosperidade, a Era de Aquário, serão concretizadas.

"Lembrem-se", disse a Mãe do Sri Aurobindo Ashram, na Índia, "de que vocês estão vivendo um momento extraordinário, em uma época especial, de que vocês possuem a imensa satisfação, o valioso privilégio de estar presentes ao nascimento de um novo mundo."

Que cada um de nós possa levar adiante esse desígnio espiritual, o destino da nossa geração, com excepcional dignidade.

INTRODUÇÃO

Exame da trama celestial

★

O horóscopo é uma fotocópia do nosso caráter. O caráter é o destino. Nada é estático no universo em que vivemos. Podemos transformá-lo ao mudar nossas atitudes e padrões de comportamento. Com isso, estaremos mudando nosso destino... As estrelas impelem sem compelir. O homem não é o que é porque nasceu quando nasceu. Ele nasceu no momento em que nasceu por ser potencialmente o que é.
ISABEL HICKEY. *Astrology, a Cosmic Science.*

★

Destino. O final ao qual todas as forças irrestritas levam. O objetivo da maioria das religiões, inclusive a astrologia, é ajudar a nos tornar mestres do nosso Destino. Se não tivermos esse domínio, o Destino determina em grande parte nosso papel no esquema dos acontecimentos. O Destino versus a Força de Vontade contribui para a experiência, que pode ajudar na nossa evolução e desenvolvimento ou continuar a ser uma criança imatura do Destino.
NICHOLAS DEVORE. *Encyclopedia of Astrology.*

★

Destino é uma palavra fora de moda. Ela implica fatalidade, a que somos inexoravelmente atraídos, contra a nossa vontade consciente e nossas intenções conscientes. Hoje, preferimos acreditar que temos mais liberdade de escolha.

Entretanto, devemos admitir que, em vários aspectos, nossa vida parece determinada por influências que estão além da nossa consciência.

Este livro objetiva despertar nossa consciência — nosso poder de alterar modelos de expressão para nos tornar uma pessoa melhor. É basicamente voltado para a união da arte da astrologia à arte do contato com a mente inconsciente. Mesmo o leitor leigo em astrologia poderá aprender a aumentar seu potencial para se expressar melhor, ao despertar recursos pessoais implícitos e transformar expressões de energias cósmicas negativas em positivas. Também aprenderemos a usar essas técnicas para transformar as expressões negativas de energia de outras maneiras.

Vivemos em uma era de importantes descobertas acerca do funcionamento do universo em que vivemos e nossa ligação com ele. Investigações recentes mostram que, em muitos aspectos, o universo em que vivemos é bem diferente daquilo que imaginávamos. Pesquisadores chegam à conclusão de que as características da matéria, das formas dos seres humanos, os incidentes da vida das pessoas, estão intrinsecamente ligados a uma variedade de campos que determinam de maneira fundamental o que acontece dentro dos indivíduos.

Estados familiarizados com os campos magnéticos, como a força de um ímã ou a força gravitacional da Terra; porém, trabalhos recentes também mostram a importância de outros campos muito maiores do universo físico, e novos campos com propriedades bastante incomuns. Além dos campos de áreas específicas, existem campos não localizados para os quais distância não constitui uma barreira. Como os campos biológicos não localizados, para cada espécie. Entre os pássaros, por exemplo, pode haver um tipo de campo que rege o desenvolvimento do ovo para se tornar adulto, programando comportamentos como o período de acasalamento e a construção do ninho. Não importa onde se encontre um pássaro canoro, ele sempre estará ligado e influenciado pelo campo dos canoros.

E, o mais fascinante, a descrição dos campos de consciência: campos arquetípicos (cobrindo com arcos) que influenciam nossa percepção da realidade e nossa ação. Os signos zodiacais, os planetas e outros fatores astrológicos podem ser encarados como poderosos campos arquetípicos.

É cada vez mais evidente que existem círculos de troca de informação entre o campo e seus componentes (partículas atômicas, objetos, pessoas, planetas): *Enquanto o campo influencia o que acontece, o que acontece modifica o campo.*

Outras descobertas importantes: *por que* a realidade se manifesta da maneira como o faz e *como* mudar a maneira como as várias realidades disponíveis se manifestam. Progressos surpreendentes foram obtidos na arte de entrar em contato com a mente subconsciente para reprogramar padrões que antes pareciam fora do nosso controle, mudando, dessa maneira — transformando —, nosso destino.

Nos capítulos 3 e 4 descreveremos as descobertas e as técnicas para aplicá-las em mudanças anteriormente consideradas impossíveis.

CONFIGURAÇÃO ESTRELAR E DESTINO

Durante séculos os povos de várias culturas perceberam que havia um relacionamento entre o destino de uma pessoa e as conjunções formadas pelo Sol, Lua, planetas e estrelas. Na nossa cultura ocidental, esse estudo — a astrologia — separou-se da corrente principal dos estudos científicos, por volta do século XVII. A definição científica da mecânica do universo, popular naquela época, não conseguiu explicar o sucesso da astrologia. Por volta do século XVIII, a "atitude geralmente aceita naquele momento parecia ser a de um ceticismo total em relação à possibilidade de adivinhação através das estrelas".[1]

No século XX, entretanto, as descobertas mencionadas anteriormente passaram a ajudar a interpretar o universo de uma perspectiva inteiramente diferente. Surge uma teoria que explica a relação dos padrões do universo com os padrões de nossa vida na Terra. Por exemplo, um dos vários campos que nos influenciam é o do nosso sistema solar. Ressoamos com o campo eletromagnético associado à posição em eterna mutação do Sol, da Lua e dos planetas. E parece que *o sistema solar também é um sistema de consciência* — ressoamos em conformidade com as suas mudanças, dançamos a música do céu.

No capítulo 2, trataremos com mais detalhes a estrutura do funcionamento da astrologia, que abre muitas portas, uma das quais nos leva a um local onde a astrologia torna-se novamente aceitável como um valioso e valorizado campo de conhecimento do universo. Estamos falando naturalmente da astrologia como ciência e arte, e não como ela é tratada nas seções de horóscopo dos jornais.

Desde os tempos mais remotos até os últimos séculos, a astrologia foi considerada tão importante quanto as outras ciências. Desde que caiu em desgraça no tempo de Newton (embora ele a aceitasse), a astrologia passou a ser reconhecida por muito poucos cientistas, embora cientistas de outras áreas continuassem ocasionalmente a aceitá-la. Como disse Ralph Waldo Emerson: "A astrologia é a astronomia trazida à Terra e aplicada aos negócios terrenos".[2] John Burroughs conclui: "O homem é um pequeno segmento da Terra, com um pequeno pedaço de céu em cima, e todas as leis externas da terra e dos céus estão nele reproduzidas".[3]

Atualmente, a astrologia tem sido desaprovada — algo que não se deve levar a sério. Isso ficou evidente de modo hilariante em 1988, quando se revelou que o presidente Reagan e sua esposa consultaram astrólogos antes de tomar uma decisão acerca de negócios de Estado. A maioria da imprensa ridicularizava ou expressava temor em relação à capacidade de discernimento do representante maior do governo: se ele precisava consultar um astrólogo antes de decidir uma questão, que outros lapsos de discernimento ele poderia ter?

Nem sempre foi assim. Muitos dos Pais Fundadores* praticavam astrologia, inclusive, é claro, Benjamin Franklin, cujo *Poor Richard's Almanac* continha detalhadas informações astrológicas.

Outros presidentes consultaram astrólogos, embora nem sempre o admitissem. Entretanto, Theodore Roosevelt comentou a respeito do seu horóscopo: "Sempre presto atenção na oposição da minha Sétima Casa da Lua com a minha Primeira Casa de Marte". Isso não só revela que ele conhecia bem o seu horóscopo, como entendia de astrologia, e levava em consideração as influências astrais.

Em 1963, alguns astrólogos viram surgir associações entre a conjunção atual dos planetas e a conjunção do planeta sob o qual o presidente Kennedy havia nascido — o seu horóscopo. Uma das maneiras em que essa conjunção podia ser concretizada poderia levá-lo à morte. A astróloga Jeanne Dixon tentou avisá-lo, mas no universo paralelo em que vivemos sua vida não mudou de rumo, e ele morreu.

Falaremos mais a respeito dos universos paralelos, pois não apenas esse conceito vem sendo considerado pelo físicos como uma explicação dos fenômenos do mundo material, mas também como uma visualização do que pode acontecer em nível da nossa consciência e no fluxo dos eventos. Basicamente, a teoria do universo paralelo diz que "para cada um de nós, existe simultaneamente um número indefinido de universos. Cada um deles pode ser uma pequena variação de outro ou totalmente independente".[4]

A forte conjunção planetária daquele dia em Dallas, combinada ao horóscopo do presidente Kennedy, poderia ter sido concretizada de várias maneiras. Um tema constante naquele momento seria um tipo qualquer de morte, e a morte sempre implica um novo nascimento. Em um universo paralelo, ele iria ao funeral de alguém a quem amasse. Em outro, ele abandonaria um curso de ação para levar adiante sua política e começaria a fazer outros planos.

Em um universo paralelo próximo ao qual estávamos, ele teria escapado por pouco às balas de Dallas. O impacto de ter escapado da morte seria o início de seu renascimento espiritual que lhe traria uma grande sabedoria. Ele levaria o país a atingir suas metas. Os Estados Unidos se tornariam um modelo — o governo ideal servindo ao povo, dando-lhe liberdade de alcançar seus objetivos maiores. O povo seria levado

---

* *Founding Fathers*: responsáveis pela elaboração da Constituição americana. (N. da T.)

a um estado de unidade, em que o país lideraria o mundo para melhorar a qualidade de vida na Terra.

Neste livro mostraremos os instrumentos necessários para penetrar esses universos paralelos alternativos, para expressar configurações astrológicas.

OBJETIVO

Este livro tem dois objetivos importantes. O primeiro, mostrar como reconhecer as possibilidades de expressar diversos temas astrológicos. O segundo, ensinar a visualizar, harmonizar e torná-los reais, tornando a vida de cada um de nós a expressão consumada de temas celestiais (e outros).

Neste livro, estaremos nos dirigindo ao leitor a partir de dois caminhos: por um lado, o que a astrologia pode revelar à pessoa, e o que o acesso a esse conhecimento pode fazer por ela; por outro, como fazer isso: técnicas para liberar de maneira bem-sucedida potenciais, não apenas astrológicos como outros potenciais pessoais.

A questão também será abordada a partir de outros dois ângulos:

Como as coisas funcionam: em parte, examinaremos o que foi aprendido e o que pode ser feito, e também as técnicas para realizá-lo. Forneceremos não apenas os dados, provas e teorias que fazem a ligação dos elementos, como também dicas sobre "como fazer", o que pode ser chamado de "informações para o lado esquerdo do cérebro".

As *visualizações*, "informações para o lado direito do cérebro", objetivam fornecer a *experiência* do que acabamos de falar — fazendo a pessoa penetrar na imagem que estava olhando. Em geral, cada capítulo se inicia com uma visualização (em **negrito**), relacionada ao assunto tratado.

No decorrer das páginas, o leitor terá apenas uma idéia geral do que queremos dizer. Aos poucos, a imagem adquire perspectiva e forma, até que, no final, pode ser visto o holograma mental, em imagem animada e tridimensional.

★

NOTAS

1. Serge Hutin, *History of Astrology* (Nova York: Pyramid, 1972).
2. Citado por Alan Oken em *As Above, So Below* (Nova York: Bantam, 1973), 27.
3. John Burroughs, em *Under the Apple Trees* (Boston: Houghton Mifflin, 1916), 133.
4. Bob Toben e Fred Alan Wolf, *Space-Time, and Beyond* (Nova York: E. P. Dutton, 1975), 25.

CAPÍTULO 1

Como ativar o potencial astrológico

★

Um médico sem conhecimentos de astrologia não pode se considerar médico... Existe um fluxo comum, uma respiração comum, todas as coisas são solidárias.
HIPÓCRATES, século V a.C.

★

A astrologia é reconhecida pela psicologia, sem restrições, pois a astrologia representa a reunião de todo o conhecimento psicológico da Antiguidade.
C. G. JUNG

★

O objetivo da astro-psicologia é ajudar a pessoa a pôr em prática o seu potencial nato, tornando o apenas possível em um estado relativamente completo de realização.
DANE RUDHYAR

★

Imagine o seguinte... Você parado no centro de um pequeno círculo de diapasões, um para cada nota da escala musical. Eles estão ordenados por tom, de forma que, ao dar a volta no círculo em uma direção, tocando em cada diapasão, você sobe a escala, e ao dar a volta na outra direção, você desce a escala.

Ao redor do círculo, a uma certa distância, mas ainda ao alcance da audição, encontra-se outro círculo maior, disposto na mesma ordem do círculo interno. Uma pessoa caminha a passos uniformes ao redor do círculo maior, tocando em cada um dos diapasões. Você percebe que cada diapasão do seu pequeno círculo vibra quando o tom correto é emitido no círculo externo.

Você vê outras pessoas — de menor estatura — também andando ao redor do círculo externo. Cada uma delas move-se a um ritmo diferente, de uma grande velocidade a uma extrema lentidão, que é quase impossível ver seus movimentos. Elas também tocam cada diapasão durante sua caminhada, mas não tão vibrante quanto a primeira pessoa.

Ressoando no seu pequeno círculo de diapasões, você pode ouvir a música diferente tocada no círculo externo, os acordes formados pela combinação diferente de cada diapasão. Às vezes, os acordes são mais harmoniosos; outras, mais discordantes, mas você sente que mesmo os mais discordantes tornam-se harmônicos, dentro de uma harmonia maior.

Você se vê dançando com a música — às vezes, a dança é alegre e leve; outras, pesada e dramática, entremeada de uma variedade de humor. Às vezes, a dança é alegre e flutuante; outras, você é desafiado a criar uma dança que expresse a beleza das passagens discordantes.

Você percebe que de cada pessoa do círculo externo emana uma luz e que cada uma delas carrega um grande prisma. À medida que as luzes tocam os prismas umas das outras, você é banhado por um jogo de luzes.

★

Agora, você se encontra numa pequena montanha no centro de um continente circular. Raios brilhantes dividem o continente em doze territórios. A partir do eixo da roda, você vê os doze territórios, mas a luz é mais clara em alguns deles, aqueles a que você dedica maior concentração.

Cada território tem uma personalidade distinta, com um terreno, clima, solo, rochas e plantas distintos. Cada um deles é diferenciado por cores e sons e pelos tipos de pássaros e peixes e animais que contém. As pessoas de cada um dos territórios são tão distintas quanto o ambiente que as rodeia. Elas têm aparência, costumes, atitudes características. Seus interesses são divergentes também.

Em três dos territórios, as pessoas que ali se encontram servem ao continente distribuindo entusiasmo — os aventureiros, líderes inspirados e filósofos.

Em três dos outros territórios, as pessoas trabalham com a terra, construindo: cientistas e engenheiros, pessoas que constroem coisas.

Em outros três territórios, há indivíduos que se concentram em redes de comunicações, comércio, pesando matérias, fazendo contato com outras pessoas.

Os três últimos territórios pertencem às pessoas que se harmonizam com o lado das sensações da vida — as que alimentam as outras, que tocam as harmonias da vida e que sonham.

★

Na primeira visualização, talvez você tenha percebido que o círculo externo de diapasões representa o grande círculo do céu chamado zodíaco e as pessoas ao redor desse círculo são o Sol, a Lua e os planetas. A pessoa maior é o Sol. O círculo interno é o padrão do seu horóscopo.

Na segunda imagem, você começa a entender a qualidade dos signos zodiacais.

Todos os corpos do nosso sistema solar parecem viajar pela mesma rota zodiacal, enquanto eles circundam o céu. A configuração que eles formam nos céus, ao nosso redor, o *macrocosmo*, reflete-se nas nossas vidas, o *microcosmo*.

É a mesma Força Única que se expressa em uma multitude infinita de formas e intensidades. Isso se chama normalmente de processo de "Involução e Evolução". É também o que queremos dizer, em parte, quando nos referimos à lei universal de "Assim na terra como no céu". Da mesma forma que um átomo é único dentro de si mesmo, assim como o Homem é um organismo singular, assim como um nação, assim é a Terra, assim é o sistema solar, assim é a galáxia, assim é o supremo Universo dos Universos. Em toda a criação, parece haver uma repetição do mesmo padrão em todas as estruturas, seja nas propriedades físicas do menor átomo, seja na maior unidade do Cosmos. Assim, o macrocosmo (o mundo maior) é sempre revelado no microcosmo (o mundo menor). É isso que significa "o homem é feito à imagem de Deus".

ALAN OKEN, *As Above, So Below*.

CONJUNÇÃO DE PLANETAS NOS CÉUS E EM NOSSAS VIDAS

Essas visualizações constituem uma maneira de entender a astrologia: o estudo da posição dos planetas nos céus, refletida nos acontecimentos e nos padrões de comportamento da Terra. É uma arte e uma ciência muito antiga, praticada em muitas culturas através dos tempos, que já ajudou os seres humanos a entender e predizer as características de diversos períodos. Isso acontece porque os astrólogos descobriram que as diferentes conjunções criadas pelo Sol, pela Lua e pelos planetas e estrelas simbolizam as características de um determinado período.

Podemos interpretar essas conjunções de inter-relacionamento entre os corpos celestes como acordes cósmicos da música dos astros, como música de fundo de uma peça de teatro.

Mas (e isso deve ser bem entendido) a música mutante cósmica, assim como a música de fundo de teatro, indica apenas os temas do tempo. Os temas podem ser expressos através de uma variedade de ações e eventos específicos.

Neste livro, você aprenderá técnicas para reprogramar seu subconsciente a fim de que as energias astrológicas que foram negativamente expressas sejam recanalizadas em poderes auto-realizáveis. Como disse Elisabeth Haich em *Initiation*: "Não existem energias más, apenas energias mal usadas".

O acorde cósmico específico que ressoava no momento de seu nascimento — o seu horóscopo — pode ser considerado uma gravação holográfica que condiciona as formas de auto-expressão. (Falaremos mais sobre os hologramas nos próximos capítulos.) Ao longo de nossa vida, representamos temas e variações que expressam as características desse acorde cósmico registrado. É aí que entra nossa liberdade de ação: embora todos nós expressemos, de uma forma ou de outra, os nossos horóscopos individuais gravados em cada um e a conjunção atual dos planetas, ambos podem ser incorporados de mil maneiras, provando desde catástrofe até o desempenho máximo, possibilitando o acesso a potenciais e recursos ilimitados.

SEU HORÓSCOPO

O que pode dizer o seu horóscopo a seu respeito?

A palavra *horóscopo* vem do grego *horo*, "hora", e *skopos*, "observador". O mapa do céu passa a ter sentido quando é calculado no momento do nascimento da pessoa, para o local de nascimento, ou em outro momento significativo. Pelo menos uma das características do mapa é conhecida de todas as pessoas — o signo zodiacal no momento do nascimento. (Veja notas ao final do capítulo 5 para determinar as datas.) Visto da Terra, o Sol atravessa cada signo aproximadamente no mesmo momento a cada ano.

Como já foi mencionado, os antigos observaram que o Sol, a Lua e os planetas parecem girar em torno da Terra em uma configuração relativamente estreita de estrelas fixas. Em vários países e em épocas diferentes, esses setores do céu por onde passa essa estrada receberam vários nomes. Nossa cultura ocidental chama a estrada do céu de *zodíaco* (da mesma raiz de *zôo*), que significa "um grupo de animais", e é dividida em doze setores chamados de *signos*, a maioria dos quais tem o nome de um animal que parece caracterizar o signo. Outras culturas também aceitam a divisão do zodíaco em doze partes, inclusive a chinesa, que também designa os signos com nome de animais.

Observadores do céu descobriram que as pessoas nascidas no mesmo momento em que o Sol passa em uma da seções específicas dessa banda parecem ter características semelhantes. O Sol é o único corpo celestial que parece viajar através desse vasto círculo exatamente uma vez por ano. A Lua e os planetas passam pela mesma estrada, mas a velocidades diferentes. A Lua circula pelo zodíaco uma vez por mês, e cada planeta completa o ciclo em um tempo diferente, Mercúrio e Vênus em menos de um ano, enquanto Plutão, o planeta mais distante do Sol, leva 248 anos para completar o ciclo. Assim, as posições zodiacais da Lua e dos planetas não são necessariamente as mesmas do signo solar em determinado momento.

O Sol, a Lua e cada planeta simbolizam as diferentes funções da nossa vida: o Sol, a consciência e a força de vontade; a Lua, o subconsciente, as reações instintivas; Mercúrio, o pensamento e as comunicações, e assim por diante. O signo zodiacal em que cada planeta se encontrava no momento do nascimento parece modificar a expressão do planeta. Ele foi comparado a um filtro de vidro que colore a luz proveniente do planeta. Portanto, uma pessoa nascida quando Mercúrio (que significa pensamento e comunicação) estava em Touro (paciente, prático e determinado) desenvolve naturalmente padrões de comunicação que expressem as características de Touro. Por exemplo, o indivíduo talvez tenha tendência a se concentrar mais nos assuntos práticos e pensar muito antes de tomar qualquer decisão.*

Conhecer as características básicas de cada signo e suas manifestações mais freqüentes é como conhecer o povo de uma outra nacionalidade — começamos a reconhecer o espírito de sua cultura ao mesmo tempo em que percebemos algumas de suas idiossincrasias mais freqüentes. Percebemos que pessoas muito diferentes expressam temas culturais semelhantes — ou temas astrológicos semelhantes.

Em que signos estavam o Sol, a Lua e cada um dos planetas no momento de seu nascimento? Que signos e planetas são enfatizados em seu horóscopo? Se você encomendou seu horóscopo, já possui essa informação.

Além dos signos zodiacais, descreveremos as principais características de cada planeta. Compreender as combinações dos planetas-signo pode ajudá-lo a se familiarizar com alguns potenciais de auto-realização que podem ser desenvolvidos com essas energias.

O mapa do céu no momento de seu nascimento tem muitas outras características, cujo estudo pode enriquecer muito a sua compreensão dos potenciais do que está gravado em seu nascimento cósmico. Ajudaremos o leitor a encontrar e entender essas características — sem fazer cálculos ou aprender técnicas astrológicas complexas.

Este livro não pretende incutir no leitor os aspectos complexos que envolvem a astrologia, mas fornecer os instrumentos para transformar

---

* A maioria dos astrólogos trabalha do ponto de vista da Terra, pois nascemos aqui. Se um astronauta tivesse um bebê em Marte, o horóscopo seria estabelecido a partir de lá.

as configurações astrológicas negativas em positivas, usando as novas técnicas da Futureshaping Technologies (TM), baseadas no relaxamento e visualização.

FONTES DE GRANDE PODER

Em todas as culturas, estudos têm revelado que o poder real de um indivíduo sai das profundezas da psique, e não de motivações conscientes ou inconscientes superficiais. As pessoas que conseguiram os maiores sucessos, seja como indivíduos ou líderes carismáticos, foram buscar inspiração na forte corrente dessas fontes profundas e poderosas do inconsciente. Na verdade, a maioria das pessoas já passou por essa experiência: de se achar incapaz de realizar algo e depois sentir uma energia proveniente lá do fundo do ser que lhes deu forças para alcançar seus objetivos. É como se ficássemos ligados a um motor mais potente, como o que acontece com o que se chama de segundo sopro dos participantes de maratonas.

A capacidade de atingir fontes profundas de poder aumenta o potencial para se viver de maneira criativa, satisfatória e harmoniosa, em termos espirituais. Esse incrível potencial pode se manifestar de várias formas. Compulsões, vícios e obsessões também são manifestações de poder da psique interior, muitas vezes contra a vontade consciente.

Os antigos chamavam essas fontes de poder de "deuses". A palavra *entusiasmo* originalmente significava "estar possuído por um deus". Nossos avós descreveriam esse fenômeno como "possessão dos demônios" ou "ajuda dos anjos".

Psicólogos modernos referem-se a algumas dessas energias como *impulsos instintivos, padrões coletivos, arquétipos*, e assim por diante. Podemos encará-las como padrões dinâmicos em vários níveis subconscientes. Cada um de nós está ligado a muitos padrões e ressoando com eles, desde um jeito de andar ou gesticular até os arquétipos mais importantes, como o herói ou grande mãe. Os arquétipos mais universais podem ser simbolizados de várias maneiras, mas alguns dos temas — aparentemente básicos para a natureza humana — permaneceram.

A astrologia é um sistema simbólico que expressa esses temas básicos. Como disse Karen Hamaker-Zondag:

> "Os signos do Zodíaco, os planetas, as casas, etc., podem ser redescobertos na psique de todos nós. Eles são arquétipos que assumiram formas precisas, representativas do material psíquico e processos com os quais o homem aprendeu a lidar através de longos séculos."[1]

Quando os arquétipos do nosso inconsciente coletivo — inclusive os da astrologia — são ativados em nossa vida pessoal, este tremendo poder será expresso de uma maneira ou de outra. Porém, as expressões têm várias formas, tanto poderosamente destrutivas como vigorosamente criativas. Este livro trata da recanalização das energias dos arquétipos astrológicos de forma a enriquecer nossa vida.

A maneira de expressar os sinais desses fatores cósmicos depende de condicionamento. Somos programados de vários modos: pela cultura, influências familiares e experiências pessoais, armazenadas pela mente e por ela transformadas em sistemas de crença. Por exemplo, se ouvimos falar ou lemos sobre a ação das influências cósmicas sobre nós, essa crença pode influir em nossa vida, como acontece com uma criança nascida sob o signo de Áries, como exemplificaremos adiante.

Mas a astrologia não é, em si, negativa nem positiva. Os problemas e potenciais astrológicos dependem da maneira *como reagimos a eles*. (Ver capítulo 3, para mais detalhes.) Em outras palavras, as qualidades básicas do acorde cósmico gravado em nós, que acompanha nossa vida, podem ser consideradas como predestinação, mas podemos controlar, até certo ponto, o tipo de dança com a música que nos foi dada. Este livro é um manual que ensina a reagir às impressões básicas de maneira criativa e auto-realizadora.

Por exemplo, digamos que o signo zodiacal de Áries seja fortemente caracterizado em seu horóscopo. (Mais adiante, explicaremos o que torna um signo "fortemente caracterizado".) Basicamente, a energia de Áries é caracterizada por demonstrações de entusiasmo e decisão, direcionamentos novos singulares e expressão de individualidade.

A energia de Áries manifesta-se de forma positiva na exploração e desbravamento de novos territórios, conhecimento e maneiras de expressão artística, e também uma forte auto-expressão e ação contra padrões resistentes — pessoas e situações que impedem um fluxo dinâmico. Entretanto, hábitos culturais negativos associados a Áries incluem a impulsividade, impaciência, brigas, atitudes egoístas e insensibilidade em relação às necessidades dos outros.

Além das influências culturais, hábitos negativos também podem ser adquiridos no meio ambiente, sobretudo experiências familiares durante a infância. Astrólogos notaram há muito tempo que a natureza de alguns signos zodiacais impera em certas famílias. É muito provável que pelo menos uma pessoa da sua família tenha uma forte concentração em um signo ou signos caracterizados em seu horóscopo. Da mesma maneira que expressamos maneirismos físicos e modos de falar, também adquirimos hábitos que expressam nosso horóscopo. Se o seu tio Harry demonstrava o lado forte de Áries transpondo obstáculos para atingir seus objetivos, então sua natureza de Áries aceitou incontestavelmente alguns desses hábitos.

Mas, além dessas influências, somos condicionados pelos hábitos pessoais que desenvolvemos. Se Áries for forte no horóscopo, talvez essa característica tenha se expressado na primeira infância, tornando a pessoa impulsiva e aventureira, supercompetitiva, que reage rapidamente quando contrariada. Assim que o bebê começa a engatinhar, sua mãe tem de sair correndo para impedi-lo de sair para a rua ou tocar na linda chama do fogão.

Se você foi impedido de fazer essas coisas talvez não tenha gostado, principalmente se sua mãe fortaleceu o comportamento dizendo que foi uma imprudência da sua parte e que seu gênio é terrível. Dessa forma, você pode passar a identificar-se com os traços negativos de Áries, vendo-se como alguém que perde a calma com facilidade e não consegue controlar os impulsos nocivos.

A ênfase de Áries predispõe a pessoa a ser ativa e a dar o primeiro passo, enquanto a maioria ainda está pensando. Suas emoções são mais voláteis, e ela se concentra mais no seu potencial de auto-expressão. Mas todas essas características são extremamente positivas, dentro do contexto correto. Neste livro, você aprenderá a reconhecer as disfunções de cada signo e os potenciais auto-realizadores, desde que as energias sejam corretamente dirigidas. Ensinaremos a transformar limão em limonada.

OUTROS FATORES ASTROLÓGICOS

Como já mencionamos, além dos signos zodiacais, alguns planetas estão enfatizados em seu horóscopo. Eles também se expressam de diversos modos. É como se fossem os habitantes do território zodiacal, as facetas que formam sua personalidade. Saturno, por exemplo, tem sido ligado à estruturação da vida, à percepção das relações de causa e efeito, à responsabilidade. Uma expressão negativa de Saturno é o excesso de cuidado, que impede o indivíduo de se aventurar em qualquer empresa sem ter certeza do resultado final. Isso torna a pessoa introvertida, destruindo sua espontaneidade. Quando a energia de Saturno age de forma equilibrada, o indivíduo será cuidadoso ou espontâneo, dependendo da ocasião. Os capítulos sobre os planetas proporcionarão maiores detalhes sobre essa questão.

Além dos signos zodiacais e planetas, existem outros fatores astrológicos. Eles abrangem aquilo que chamamos de *aspectos* — a relação entre os planetas no círculo do horóscopo da pessoa — e as *casas* do horóscopo.

Nos próximos capítulos, você passará a conhecer melhor as expressões positivas de aspectos e casas e sua combinação com os planetas e signos zodiacais para criar potenciais mais inspirados do momento do nascimento e, portanto, da pessoa em si.

Eis um exemplo de como a posição do planeta de uma data específica pode ser expressa de diferentes maneiras: o horóscopo do dia em que a bomba atômica foi jogada em Hiroxima é muito intenso. Sua conjunção indica que será dado *à luz um profundo poder interior e a ruptura repentina de energias*. Sem dúvida, isso ficou patente pelo fato de dar à luz (conscientização pública) o profundo poder interior do átomo através da repentina explosão de suas energias.

Temos o horóscopo de uma mulher nascida nos Estados Unidos na mesma data. Ela tem gravados em si mesma a intensidade e o poder daquele dia. Sua personalidade é extraordinariamente poderosa, uma psicóloga que, enquanto ajuda seus pacientes, concentra-se principalmente no uso de técnicas surpreendentes para *conscientizar o profundo poder interior através da liberação repentina de energias armazenadas*. Ela usa, de maneira muito positiva, os temas do dia que foram expressos de forma tão catastrófica pela bomba atômica.

Além de trabalhar com o horóscopo de nascimento, você aprenderá também a determinar as conjunções presentes e futuras que mostrarão o tipo de território em que você está se aventurando — ajudando a evitar armadilhas, para realizar os potenciais das qualidades mutantes dos nossos tempos.

COMO LIBERAR OS POTENCIAIS

Para reprogramar os hábitos inconscientes do mau uso do mapa astrológico é necessário ter acesso a áreas do biocomputador da mente em que os hábitos inconscientes estão armazenados sob a forma de imagens mentais. Felizmente, nos últimos anos desenvolveram-se técnicas novas e eficientes para se chegar a essas áreas de armazenamento de hábitos e apagar suas expressões negativas. Esses métodos podem dar resultado em inúmeros outros hábitos indesejados, além dos astrológicos.

Nos capítulos 3 e 4, mostraremos técnicas para abrir as portas do local onde se localizam os hábitos inconscientes. Ao abrir as portas, você verá muitas maneiras de reprogramar hábitos negativos. Nos próximos capítulos, indicaremos como algumas dessas técnicas de reprogramação podem ser aplicadas a cada signo zodiacal e também a outros importantes fatores astrológicos.

Para dar um exemplo de reprogramação de energias astrológicas, eu (Mary) tenho Saturno fortemente posicionado em meu horóscopo, o que me faz ser muito cuidadosa. Entretanto, tenho também Marte em Áries, que me leva a agir impulsivamente. Há alguns anos, sofri um acidente de carro, depois de fazer impulsivamente uma curva na frente de um carro que vinha em minha direção, sem prestar a devida atenção. O meu lado cuidadoso havia me obrigado a usar o cinto de segurança, e, apesar de o carro ter ficado totalmente destruído, saí do acidente apenas com leves escoriações, pois o cinto impediu que eu voasse através do pára-brisa.

Ao chegar em casa, verifiquei a conjunção dos planetas no momento do acidente e observei que Marte estava conjugado ao meu horóscopo de maneira a ampliar minha impulsividade. Comecei a empregar algumas das técnicas de visualização que serão descritas adiante, para programar um equilíbrio saudável entre o cuidadoso Saturno e o impulsivo Marte em Áries, orientando-me de forma a ter cuidado, quando necessário, sem que isso limitasse minha espontaneidade também quando necessário.

Marte leva dois anos para dar a volta no Zodíaco. Dois anos depois eu estava novamente dirigindo no momento em que Marte se encontrava na mesma posição, só que desta vez eu estava consciente do fato. Havia outro carro à minha frente, numa estrada estreita, de pouco tráfego, e um buldôzer passou para o acostamento a fim de dar passagem para o carro que se encontrava à minha frente. Meu primeiro impulso foi seguir o outro carro, mas a prudência falou mais alto e pisei no freio. O manobrista do buldôzer não esperava encontrar dois carros seguidos na estrada e, sem olhar o retrovisor, voltou imediatamente para a estrada assim que o primeiro carro passou. Se tivesse seguido meu primeiro impulso, teria sido jogada no acostamento.

Mas, além de evitar o acidente, descobri que estava expressando o equilíbrio entre as energias de Marte e Saturno de uma maneira mais auto-realizadora. Como escritora, sempre me preocupei com a necessidade de estruturar bem o texto (Saturno), mas minha energia de Marte me empurrava sem refletir sobre o que escrevia. Escrevia lentamente, extraindo cada palavra como toras profundamente enraizadas, e por trás desse processo sofrido eu sentia o impaciente Marte como um cavalo de corrida amarrado a um arado. Mas, depois que as energias de Marte e Saturno ficaram mais bem equilibradas, o ato de escrever começou a fluir com uma espontaneidade e liberdade que ainda levava em conta a estrutura e o ritmo de pensamento exigidos por Saturno.

O horóscopo é como um instrumento musical com um incrível potencial para expressar a beleza e o caráter singular de cada pessoa. A expressão desse instrumento pode ser mais satisfatória quando nos tornamos conscientes do que o instrumento é capaz de fazer por nós e quando apreciamos o tipo de música que o horóscopo específico de cada um pode tocar melhor, ou seja, seus modos de expressão mais satisfatórios. Além disso, é necessário afiná-lo e aprender a tocá-lo para que seus padrões interajam de forma harmoniosa. E, por fim, a eficiência da pessoa aumenta quando ela reconhece o tipo de música correto para cada momento específico. Como disse Shakespeare, em *Júlio César*: "Há uma pequena corrente nos negócios do homem que, se for irrigada, pode levar à fortuna".

Até onde podemos reprogramar os modelos negativos astrológicos? Essa pergunta não pode ser totalmente respondida, mas há indícios cada vez maiores de que, assim como vem sendo descoberto em outras áreas da psique, temos muito mais potencial do que sequer ousamos imaginar em nossos sonhos mais loucos!

Ao usar as técnicas deste livro, prepare-se para ficar estarrecido! E conte-nos o que aconteceu — estamos escrevendo outro livro, em que descrevemos os resultados obtidos pelas pessoas em diversas situações.

Mas antes de passarmos às técnicas (que serão descritas a partir do capítulo 3), talvez seja conveniente conhecer melhor as últimas descobertas científicas que podem explicar *por que* a astrologia funciona. Esse será o assunto do próximo capítulo.

RESUMO

1. A astrologia é o estudo da configuração celeste (macrocosmo) refletida nos eventos e nos padrões de comportamento sobre a Terra (microcosmo).
2. A configuração, ou temas, podem ser expressos através de uma imensidão de ações e eventos específicos.
3. O leitor aprenderá técnicas de reprogramação da mente inconsciente para que as energias astrológicas que vinham sendo expressas de forma negativa sejam recanalizadas para se tornarem poderes auto-realizadores.
4. A palavra *horóscopo* vem do grego *horo*, que significa "hora", e *skopos*, "observador". Hoje, ela designa o mapa do céu no local e na hora do nascimento de uma pessoa, ou de qualquer outro evento significativo.
5. Está provado que o Sol, a Lua e os planetas simbolizam diferentes funções na vida de uma pessoa.
6. O signo zodiacal em que cada planeta se encontrava no momento do nascimento parece modificar a expressão do planeta.
7. A capacidade de entrar em contato com fontes profundas de poder pode aumentar o potencial para uma vida mais criativa, satisfatória e espiritualmente harmoniosa.
8. Os mapas astrológicos não são intrinsecamente positivos ou negativos. Os problemas e potenciais dos mapas dependem de nossa reação a eles.
9. Quando os arquétipos do nosso inconsciente coletivo — inclusive os da astrologia — são ativados em nossa vida, esse tremendo poder será expresso de uma ou outra maneira. Mas essas expressões podem ter formas muito variadas, tanto poderosamente destruidoras como vigorosamente criativas. Este livro trata da recanalização das energias dos arquétipos astrológicos que podem enriquecer imensamente a vida das pessoas.
10. O horóscopo é como um instrumento musical com um incrível potencial para expressar a beleza e o caráter singular da pessoa. A expressão desse instrumento pode ser mais satisfatória quando nos tor-

namos conscientes do que o instrumento é capaz de fazer por nós e quando apreciamos o tipo de música que o horóscopo específico de cada pessoa pode tocar melhor, ou seja, seus modos de expressão mais satisfatórios. Além disso, é necessário afiná-lo e aprender a tocá-lo, para que possa interagir de forma harmoniosa.

★

NOTA

1. Karen Hamaker-Zondag, *Astro-Psychology* (Wellingborough, Northamptonshire, Grã-Bretanha: Aquarian Press, 1980).

CAPÍTULO 2

Por que a astrologia funciona?

★

Uma experiência infalível... da empolgação das naturezas sublunares (isto é, humanas) através das conjunções e aspectos dos planetas instruiu e impeliu a minha crença relutante.
JOHANNES KEPLER. *Larousse Encyclopedia of Astrology.*[1]

★

O universo como um todo é uma rede causal em movimento.
DAVID BOHM. *Science, Order, and Creativity.*

★

Em cada passo do caminho, toda entidade é ligada à imensa cadeia de informações que é o universo.
GEORGE LEONARD. *The Silent Pulse.*

★

A capacidade de mudar o destino através daquilo que chamamos de livre-arbítrio não contradiz necessariamente o ponto de vista mecanicista do nosso universo. O importante é atingir uma nova dimensão e mudar o que teria sido uma imagem previsível. Ao atingir um estado alterado de consciência, a previsibilidade do ponto de vista mecanicista do nosso universo não mais se aplica.
PHILIP S. BERG. *The Star Connection.*

★

O cosmos é um frenesi caótico de configurações de correntes, algumas das quais foram orquestradas na terra em um sistema de vida organizado. A harmonia entre os dois pode ser compreendida apenas com a ajuda de uma marcação, e, de todas as possibilidades que se abrem para nós neste momento, a astrologia (dada as suas estranhas origens e, às vezes, devotos mais estranhos ainda) parece oferecer a melhor interpretação.
LYALL WATSON. *Super Nature.*

★

A noite está muito clara e você está parado no meio de um imenso campo escuro, olhando para cima. Você identificou astros conhecidos no céu — a Ursa Maior, Órion e o caminho denominado pelos antigos Via-Láctea, pois achavam que se tratava de uma estrada de leite derramado no meio do céu.

É possível identificar um outro caminho no céu, o Zodíaco. Apesar de esse caminho não ser marcado com algo tão óbvio quanto o leite derramado, você aprendeu a reconhecer as constelações de estrelas na frente das quais o Sol, a Lua e os planetas fazem suas eternas rondas.

Seus olhos seguem o Zodíaco de leste para o oeste, no horizonte, procurando os viajantes dessa estrada, e você é recompensado, vendo bem acima do horizonte, a leste, uma "estrela" brilhante, com uma aparência avermelhada — Marte. Você pensa na sonda espacial que está nesse planeta vizinho, e nas imagens enviadas por ela, que mostram o deserto que você está observando agora.

Um pouco adiante na trilha zodiacal, você vê outro viajante com uma luminescência branca. Você sabe que se trata de Júpiter, e imagina sua multidão de luas, invisíveis a olho nu, mas observadas com clareza através do telescópio.

Sua consciência se expande no espaço, até ver a Terra, Marte, Júpiter e os outros planetas, com seus satélites, girando em torno do Sol.

Depois, o sistema solar inteiro torna-se um ponto de luz, um dos vários que fazem parte do caminho da nossa galáxia em espiral da Via-Láctea. Você sabe que a nossa galáxia é um todo, dentro da configuração supergaláctica.

★

Mas tudo isso parece muito remoto, e os planetas — por mais que sejam bonitos — parecem muito, muito distantes. Como podem eles ter alguma relação com você e com os acontecimentos de sua vida?

Pelo menos, parte de sua mente não acredita que haja essa ligação. Convencer a parte cética poderá fortalecer o processo de reprogramação que você aprenderá neste livro.

A razão por que nos sentimos céticos em relação a uma ligação significativa entre o cosmos e nós é que as idéias científicas e práticas que aprendemos desde a infância não permitem essa possibilidade. Estabeleceu-se que o Sol e a Lua afetam a Terra com a luz e a lei da gravidade, mas não parece razoável que as mudanças menos intensas dessas influências possam ter qualquer importância que não seja a de possibilitar-nos enxergar nosso caminho e planejar lançar nossos barcos sobre as ondas. E os planetas e as estrelas — minúsculos pontos de luz com influências gravitacionais praticamente impossíveis de serem descobertas —, como poderiam exercer influências?

É claro, todo mundo que já estudou astrologia observou, com uma certa admiração, como o fluxo dos acontecimentos é simbolicamente espelhado nas posições dos planetas. Mas a maioria dos cientistas considera essas ligações simples coincidência, coisas que aconteceram por acaso no mesmo momento, sem ter relação de causa e efeito — que é a única relação entre diferentes fenômenos considerada válida pela comunidade científica tradicional. Enquanto não houve uma estrutura conceitual para o tipo de relação comos-Terra que a astrologia reivindica, a tendência foi negar tudo. Uma das importantes contribuições da ciência foi a libertação dos seres humanos de crenças errôneas, e muitas pessoas pensavam que negar a validade da astrologia era apenas outra forma de ajuda que a ciência nos dava para sairmos da idade negra da superstição.

Entretanto, apesar do fato de a ciência ter decidido que a astrologia não tinha sentido, estudiosos do século XX começaram a descobrir indícios cada vez mais fortes das ligações entre o sistema solar e o que acontece na Terra. Como disse Robert A. Millikan, Prêmio Nobel e ex-presidente do California Institute of Technology (Instituto de Tecnologia da Califórnia): "Não conheço todas as influências de um corpo sobre outro. O que sei é que, se o homem não for afetado de alguma maneira pelos planetas, pelo Sol e pela Lua, ele é o único que não o é".[2]

Há vários outros exemplos. Por um lado, estudos realizados por biólogos revelaram uma surpreendente variedade de ligações íntimas entre as fases da Lua e os seres vivos. Se alguém for ao sul da Califórnia no verão, talvez seja interessante ir até a praia durante a lua nova ou cheia e observar a desova dos *Leuresthes tenuis*.* Trata-se de um peixe delgado, de cerca de 15 centímetros de comprimento, com a parte posterior azul-esverdeada, e ele não precisa de um almanaque para saber as datas das luas nova e cheia e a tabela mensal das marés.

---

* *Leuresthes tenuis*: peixe prateado, comum nas costas californianas.

Cerca de meia hora depois da maré noturna, os peixes começam a chegar à praia. No ápice da corrida para a desova, eles transformam a praia em um lençol brilhante e prateado. Os ovos são postos e fertilizados na parte alta da maré, na praia, onde ficam por duas semanas, até que a nova maré cheia atinja aquela parte da areia e leve os peixinhos de volta ao mar. Essa precisão cronométrica é indispensável para que os ovos não sejam levados antes do período da incubação, de duas semanas.

Não sabemos como os peixes conseguem cronometrar tão bem seu tempo, mas eles não são os únicos. Muitos outros animais, plantas — e também seres humanos — espelham as fases da Lua, cada um da sua maneira.

Por outro lado, naturalistas demonstraram que os acontecimentos por volta do tempo de nascimento podem criar marcas particularmente fortes, que continuam a ser expressas pelos seres humanos. Na Disneylândia, pode-se ver uma pessoa fantasiada de Pato Donald seguida por uma fila de patinhos de verdade. A razão de esses patinhos seguirem aquela pessoa é que ela foi o primeiro objeto em movimento que eles viram após o nascimento e esse registro estabelece o modelo a ser seguido por eles. Se a pata mãe fosse grasnando em outra direção, os patinhos a ignorariam e continuariam seguindo o Pato Donald.

Determinou-se que, para muitos seres humanos, o período que se segue ao nascimento é extremamente importante no estabelecimento de futuros padrões de comportamento.

Finalmente, estatísticas revelaram que as posições de certos planetas no momento do nascimento de uma pessoa se relacionam com as características por ela expressas.

★

Imagine-se olhando o ponto leste durante vinte e quatro horas, enquanto a Terra faz uma revolução completa. Você observa o Sol nascer e atingir seu ponto mais alto ao meio-dia. Enquanto você observa, a Lua aparece e, poucas horas depois, chega ao seu ponto culminante. Ao escurecer, você vê Marte ascendendo, mais brilhante e avermelhado do que as estrelas que se encontram ao seu redor. Ele também atinge o auge no seu tempo.

★

O que estava nascendo ou atingindo seu ponto mais alto, no momento em que você nasceu?

Se foi Marte, você tem chances de se tornar um campeão de esportes. Por outro lado, se o seu planeta nascente ou culminante foi Saturno, sua tendência é se sair bem no campo da ciência ou da medicina.

Essas conclusões se baseiam em estudos amplos e repetidos que deram resultados estatísticos bastante significativos, correlacionando as posições dos planetas no céu no momento do nascimento com sucessos profissionais futuros. Em alguns casos, a probabilidade do puro acaso era apenas de uma em 5 milhões.[3]

Indícios concretos continuam a ser reunidos para provar uma variedade de reivindicações feitas pelos astrólogos. Entretanto, esses indícios, mesmo que sólidos, não conseguem explicar *por que* essas misteriosas ligações funcionam. Os diversos cientistas que se colocaram contra a astrologia o fizeram porque suas alegações parecem contradizer algumas das leis da natureza, como nós as entendemos. O único elemento que pode virar de ponta-cabeça essa situação seria uma nova compreensão da "natureza", na qual os indícios da astrologia se encaixem de maneira significativa.

A NOVA ESTRUTURA CIENTÍFICA

Surpreendentemente, essa nova compreensão é exatamente o que está surgindo à margem do pensamento científico. Essa revolução está criando uma estrutura que começa a explicar várias coisas misteriosas, inclusive a astrologia.

Na bibliografia, enumeramos alguns livros sobre os progressos tecnológicos, e neste capítulo daremos as explicações necessárias para que você compreenda a importância das conexões cósmicas. Depois (nos capítulos 3 e 4), introduziremos as técnicas para trabalhar com essas ligações.

Essa mudança de abordagem da ciência ocidental começou no início do século XX, tomando corpo nas últimas décadas. Algumas das hipóteses básicas feitas pelos cientistas nos últimos séculos foram completamente jogadas por terra. E o mais espantoso é que ficou claro que a realidade é muitas vezes bastante diferente do que aquilo que realmente está acontecendo.

Sem dúvida, um exemplo claro é que a ciência do passado — e nossa observação sensata — nos afirmava que tudo o que estava no céu girava em torno da Terra. Mas Copérnico, Galileu, Kepler e alguns de seus contemporâneos estabeleceram que aquilo que as pessoas observavam no céu era apenas aparente, visto da Terra — o movimento básico é o da Terra girando em torno do Sol.

Da mesma forma, a ciência dos últimos séculos — e a experiência prática — nos afirma que vivemos em um espaço tridimensional objetivo, em que o tempo flui de forma constante a partir do passado, passando pelo presente, em direção ao futuro. O espaço e o tempo parecem ser uma estrutura diferente do que acontece. Observamos que as coisas que estão mais ligadas entre si afetam-se simultaneamente de uma maneira profunda e que a influência diminui com o aumento da distância. Também observamos que as coisas que ocorreram no passado causam os acontecimentos do presente, e o que vai acontecer no futuro pode ser predito como o efeito das causas do passado ou do presente. Essas observações práticas vão ao encontro das leis científicas formuladas pelos estudiosos do passado, sobretudo os dos séculos XVII, XVIII e XIX. Essa estrutura científica nos possibilitou entender e controlar o ambiente em que vivemos de uma maneira nunca vista na história.

Entretanto, um número cada vez maior de estudiosos passaram a observar mais fenômenos que não se enquadravam na antiga estrutura científica. Teóricos como Einstein começaram a construir uma nova estrutura que poderia explicar os fatos observados. E, ao fazer isso, destruíram tanto a antiga estrutura científica como a nossa "realidade" sensata de espaço, tempo e causalidade.

Os conceitos básicos da nova estrutura científica indicam que a matéria e a energia não podem se separar e que os campos que cercam a matéria são primordiais para a compreensão dos fenômenos existentes nesses campos. Como mencionamos, isso inclui não apenas os campos locais, como a força ao redor de um magneto ou a gravitação da Terra, mas também campos maiores do universo físico e novos tipos de campos — biológico e de consciência.

Do ponto de vista antigo, a matéria criava os campos ao seu redor. Do novo ponto de vista, o campo passa a ser mais importante. Há uma curva de *feedback* em que o campo estrutura a matéria que ali se encontra e as qualidades da matéria modificam o campo. Isso parte do campo do nosso universo, através de vários subcampos — a nossa galáxia, nosso sistema solar, a Terra, cada um dos habitantes da Terra, até chegar às partículas básicas subatômicas da matéria, de que somos feitos.

Indo ainda mais adiante, tem sido observado que os campos operam em um nível diferente da realidade do nosso mundo comum de espaço tridimensional, temporal e unidirecional, nos quais as causas sempre vêm antes dos efeitos.

Muitos pensadores científicos também percebem que, assim como a matéria e a *energia* não podem ser separadas, da mesma maneira a matéria e a *consciência* são inseparáveis.

As implicações desses desenvolvimentos estão sendo colocadas de maneira surpreendente por um número cada vez maior de pesquisadores na área da física e da biologia — ciências que, até este século, têm sido os formuladores e sustentadores mais empedernidos dessa antiga estrutura científica.

Vejam as seguintes declarações feitas por pessoas de áreas diferentes, algumas das quais líderes incontestes do mundo científico.

"O universo não existe 'lá fora', independentemente de nós. Estamos inevitavelmente envolvidos na criação daquilo que parece estar acontecendo. Não somos apenas observadores. Somos participantes. De uma maneira estranha, este é um *universo participante*."

FÍSICO JOHN WHEELER[4]

"A natureza faz parte de nós, assim como somos parte da natureza. Podemos nos reconhecer na descrição que damos a ela."

ILYA PRIGOGINE, QUÍMICO E PRÊMIO NOBEL[5]

"Os progressos atuais em cosmologia parecem sugerir de forma bastante insistente que as condições cotidianas só poderiam persistir graças às partes distantes do universo, que todas as nossas idéias sobre espaço e geometria se tornariam totalmente sem efeito se as partes distantes do universo desaparecessem. Nossa experiência do dia-a-dia, mesmo os mais íntimos detalhes, parece estar tão ligada às grandes características do universo, que é impossível contemplar os dois como algo distinto."

ASTRÔNOMO FRED HOYLE[6]

"O mundo... aparece como um complexo tecido de acontecimentos, cujas ligações de diversos tipos alternam-se ou se sobrepõem ou ainda se combinam, determinando assim a textura do todo."

FÍSICO WERNER HEISENBERG[7]

"Tudo o que existe é um verso de uma estrofe, o universo vendo-se a si mesmo, a partir de si mesmo... em outras palavras, quanto mais interagimos com o universo, mais sabemos a seu respeito."

AUTOR DE OBRAS CIENTÍFICAS BOB TOBEN E FÍSICO ALAN WOLF[8]

O UNIVERSO HOLOGRÁFICO

Um dos físicos mais renomados da nova ciência é o dr. David Bohm, ex-assistente de Einstein. Após vários anos de estudo desses assuntos, nos anos 80, Bohm começou a reunir suas descobertas dentro de uma estrutura conceitual bem mais abrangente. Em essência, ele afirma que o universo tem duas maneiras bem diferentes de se ordenar.

Uma delas é o nosso mundo habitual, em que os objetos se localizam no espaço e se movem no tempo, a partir do passado, pelo presente, em direção ao futuro. Ele chama essa ordem de *explícita* ou *exposta*. *A outra seria a ordem implícita ou envolvida* — que subordina as manifestações explícitas (ou expostas) da realidade tal como a percebemos.

Para facilitar a compreensão desse conceito, Bohm imagina o universo como um imenso holograma multidimensional. O holograma é uma invenção dos anos 60. Seu princípio foi descoberto em 1947, mas o modelo só pôde ser construído após a invenção do *laser*.

Ao olharmos um holograma, vemos, suspensa no espaço, uma imagem tridimensional que pode ser vista de vários ângulos. Os hologramas são um tipo de fotografia que funciona sob princípios totalmente diferentes dos das fotografias feitas com as câmeras comuns.

★

Para ter noção de um holograma, imagine: um lago cuja superfície esteja totalmente imóvel. Jogue uma pedra na água e observe as ondulações que se espalham em círculos concêntricos. Em seguida, jogue duas pedras em lugares diferentes ao mesmo tempo. Observe que os círculos se encontram e interagem uns nos outros. A seguir, jogue três pedras em lugares diferentes, uma após outra. Observe que as ondulações ficam mais complexas. Quando o primeiro círculo de ondulações chega a cerca de 60 centímetros do seu centro, as ondulações do segundo círculo têm menos de 30 centímetros de diâmetro, e as do terceiro círculo ainda menos. A maneira como esses padrões de ondulação se entrosam se relaciona com o local e o momento em que as pedras foram jogadas na água. Se pudéssemos congelar imediatamente a superfície do lago, veríamos de maneira distinta o complexo padrão de interferência entre as ondulações.

★

A holografia funciona dessa forma, só que usa luz em vez de pedras. Como diz Lyall Watson:

"As ondas da luz funcionam exatamente da mesma maneira. O tipo mais puro de luz de que dispomos é a produzida pelo *laser*, que envia um raio em que todas as ondas estão numa mesma freqüência, como se fosse uma pedra ideal num lago perfeito. Quando dois raios *laser* se tocam, produzem um padrão de interferência de luz e ondulações escuras que podem ser registrados numa chapa fotográfica. E se um dos raios, em vez de vir diretamente do *laser*, for primeiro refletido no rosto humano, a imagem final será extremamente complexa, mas ainda assim poderá ser registrada."[9]

Se olharmos a chapa fotográfica feita por um holograma, veremos um instante congelado do padrão de ondulações de interferência a partir das ondas de luz refletida na face — versão infinitamente mais complexa das ondulações causadas pelas pedras no lago. Assim como o padrão na superfície do lago em nada se parece com as três pedras, o padrão de interferência sobre a chapa fotográfica em nada se parece, mesmo de longe, com o rosto. Mas — e é aí que começa a surpresa —, se os raios *laser* voltarem a iluminar o filme fotográfico revelado, veremos projetada no espaço uma imagem tridimensional do rosto.

Agora, cortemos o filme fotográfico em dois. Sabemos o que aconteceria com uma fotografia comum: uma metade do filme mostraria uma parte do rosto, ao passo que a outra metade revelaria a outra parte. Mas não é isso que acontece com o filme holográfico — *se refletirmos os raios laser em qualquer uma das partes, obteremos um holograma da face inteira*.

Indo mais longe, se cortarmos o filme em pequenos pedaços, qualquer um deles poderá ser usado para projetar uma imagem do rosto inteiro — uma versão mais indistinta, porém, ainda assim, a face inteira. Em outras palavras, em um holograma, *cada uma das partes da imagem interpenetra todas as outras, da mesma forma que o universo ordenado implícito de Bohm interpenetra todas as outras partes ordenadas explícitas*.

O CÉREBRO HOLOGRÁFICO

O princípio holográfico, além de ser um modelo de reflexo do universo nas partes, tem sido usado para explicar como o cérebro processa a informação. Neurologistas têm ficado cada vez mais surpresos com pesquisas que demonstraram, ao contrário do que se pensava anteriormente, que as lembranças não estão localizadas em uma célula ou região específica do cérebro, mas distribuídas através dele. O Prêmio Nobel em neurofisiologia, dr. Karl Pribam, sugere que, como em um holograma, as sensações que chegam até o cérebro se distribuem por sobre imensas regiões do cérebro e, quando lembramos, tornam-se lembranças específicas. Então, há razão de sobra para se pensar que *nosso cérebro constrói a realidade "concreta" através da interpretação de freqüências de uma dimensão que transcende o tempo e o espaço. O cérebro é um holograma, que interpreta um universo holográfico*.

George Leonard expressou maravilhosamente esse conceito:

"Como cada passo ao longo de um caminho, cada entidade está ligada à grande cadeia de informação do que é o universo... Como parte dessa cadeia, cada um de nós *é* uma identidade individual, e essa identidade pode ser expressa com mais facilidade como uma função ondular, um pulso rítmico específico. Simultaneamente, paradoxalmente, cada um de nós é um holóide (holograma) do universo, e cada holóide também se expressa em termos de funções ondulares. Assim, somos concomitantemente indivíduo e universo, e a cadeia de relações envolve ambos os aspectos do nosso ser."[10]

OS CAMPOS DA VIDA

Essa nova compreensão dos campos secundários e sua relação com a realidade manifesta está começando a solucionar antigos mistérios do campo da biologia que a antiga estrutura científica não conseguia explicar.

A biologia tradicional faz uso dos genes para explicar por que um óvulo fertilizado de coelho vem a ser um coelho e não um gato. Pesquisadores começam a entender como os genes codificam a informação passando-a para a seqüência dos blocos químicos de RNA e as moléculas de proteína. Mas essa compreensão da estrutura fina da matéria viva não explica as estruturas complexas desenvolvidas pelos seres humanos ou os seus complexos padrões de comportamento.

A idéia de campos em biologia não é nova. Muitos investigadores vêm percebendo há anos que um tipo de campo podia explicar o que ainda não havia sido explicado na estrutura fina — os genes — dos seres humanos. Essa busca em biologia é bastante semelhante ao que aconteceu simultaneamente no campo da física. Avanços na compreensão do funcionamento dos campos explicaram os fenômenos que não podiam ser levados em consideração na estrutura fina da matéria — as partículas subatômicas.

Um dos mais renomados biólogos do nosso tempo, o dr. Rupert Sheldrake, bioquímico da Universidade de Cambridge, concentrou-se no mistério da formação das coisas, ou seja, a *morfogênese*. Ao sugerir por que a ação dos genes não pode explicar as formas e padrões complexos do comportamento dos seres humanos, ele declarou: "É como se o fornecimento dos materiais de construção certos e a maquinaria correta para perfurar o solo resultasse no crescimento espontâneo de casas perfeitas".[11]

Para reunir os blocos de construção, a hipótese de Sheldrake da *causa formativa* propõe um tipo especial de campo formativo — o *campo mórfico* (diminutivo de *morfogenético*), ou o *campo M*. Segundo ele:

> "Cada tipo de sistema natural tem seu próprio campo: há um campo de insulina, um campo de faia, um campo de andorinha, e assim por diante. Esses campos modelam os diferentes tipos de átomos, moléculas, cristais, organismos vivos, sociedades, costumes e hábitos da mente."[12]

Sheldrake usou a analogia de um receptor de televisão: as imagens da tela são geradas em um estúdio de televisão e transmitidas como vibrações através de um campo magnético com uma freqüência específica. As vibrações corresponderiam ao campo mórfico. Mas, para reproduzir as imagens da tela, o receptor deve conter os componentes corretos instalados de maneira certa. Os componentes corresponderiam aos genes. As modificações nos componentes, como um defeito num transmissor, podem alterar e até eliminar as imagens da tela.

Sheldrake levou mais adiante o conceito dos campos mórficos, sugerindo que podemos "considerar planetas inteiros como organismo com campos mórficos característicos, e seguindo a mesma idéia, os sistemas planetários, estrelas, galáxias e grupos de galáxias... Talvez tenha sentido pensar no universo inteiro como um organismo abrangendo tudo (com) um campo mórfico que incluiria, influenciaria e interligaria os campos mórficos de todos os organismos que ele contém".[13]

Ao descrever as dinâmicas dos campos mórficos e os organismos que neles se encontram, ele observa um "fluxo duplo de influência: a partir dos campos para os organismos e dos organismos para os campos... Todos os organismos são estruturas dinâmicas que se auto-recriam continuamente sob a influência dos seus próprios estados anteriores".[14]

Em outras palavras, ambas as formas desenvolvidas pelos organismos e os padrões de comportamento por eles manifestados são dirigidos por campos mórficos característicos: aqueles que são específicos a tipos específicos de organismos, os que incluem *todos os organismos, o campo do nosso planeta, o do nosso sistema solar*, chegando até o campo universal. E da mesma forma que os hábitos criados dentro desses campos influenciam os organismos neles incorporados, as ações individuais dos organismos modificam os campos.

Sheldrake acredita que, se a sua hipótese mórfica, ou *campo M*, estiver correta, pode ajudar a explicar a noção de *inconsciente coletivo*, estabelecida por Carl Jung, e também levar a diferentes interpretações dos fenômenos da parapsicologia.

A idéia de Jung sobre o inconsciente coletivo foi formulada como resultado de seus anos de observação de que os mesmos temas básicos eram expressos por pessoas de diferentes culturas. Como mencionamos anteriormente, ele deu o nome de *arquétipos* a esses temas e estava consciente do poder que eles têm sobre nós. Segundo o conceito desenvolvido por Sheldrake, os arquétipos podem ser considerados campos dentro dos quais nós nos interligamos, através de ressonância mórfica. E, como já dissemos, os signos do Zodíaco, os planetas e outros fatores da astrologia podem ser considerados arquétipos.

O CARÁTER DO MOMENTO

Enquanto desenvolvia seu trabalho, Jung ia percebendo cada vez mais as qualidades de um momento particular. Ele observou que "nascemos em um dado momento, em um dado lugar e temos, como os melhores vinhos, a qualidade do ano e da estação que testemunha o nosso nascimento". Jung consultou os horóscopos de seus pacientes para entendê-los melhor. Ele também observou que alguns eventos aparentemente não relacionados que parecem acontecer no mesmo momento — coincidências — têm um relacionamento que não se enquadra nas relações normais de causa e efeito. A esses relacionamentos ele chamou *sincronicidade*, descrevendo-a como sendo um "princípio de conexão acausal".

Na antiga estrutura científica, tal ligação seria considerada absurda; porém, dentro da nova estrutura, uma porta foi aberta para compreender de que forma a sincronicidade se origina "a partir dos padrões subjacentes do universo em vez de através de uma causalidade de puxões e empurrões que normalmente associamos aos incidentes da natureza".[15]

CIÊNCIA E ESPÍRITO

Assim, alguns dos modernos conceitos da física, biologia e psicologia começaram a parecer inspirações espirituais universais que encaram toda manifestação como relacionada a uma realidade maior — uma realidade em que a consciência e a matéria estão inexoravelmente interligadas.

"Enxergar o Mundo num Grão de Areia
E o Céu numa Flor Silvestre,
Segurar o Infinito na palma da sua mão,
E a Eternidade em uma hora."
WILLIAM BLAKE, Auguries of Innocence.

"O corpo do homem está relacionado a toda a nossa galáxia e ao nosso universo."
ZOHAR I

"No céu de Indra dizem que há uma rede de pérolas de tal maneira arranjadas que se olharmos para uma delas veremos todas as outras nela refletida. Da mesma maneira, cada objeto do mundo não é somente ele mesmo, mas inclui todos os outros objetos, e de fato *é* todos os outros objetos."
SIR CHARLES ELIOT, Japanese Buddhism.[16]

"Os céus manifestam a glória de Deus e o firmamento anuncia a obra das suas mãos.
Um dia faz declaração a outro dia, e uma noite mostra sabedoria a outra noite.
Sem linguagem, sem fala, ouvem-se suas vozes.
Em toda a extensão da terra, e as suas palavras até o fim do mundo. Neles pôs uma tenda para o sol,
Que é qual o noivo que sai do seu tálamo, e se alegra, como um herói, a correr seu caminho.
A sua saída é desde uma extremidade dos céus, e o seu curso até a outra extremidade deles; e nada se furta ao seu calor."
SALMOS 19:1-6

O HOLOGRAMA UNIVERSAL

De várias direções, chegamos à noção de que cada indivíduo se relaciona intimamente com o universo. Cada um de nós pode ser considerado um pedaço do holograma universal; portanto, carregamos o padrão do todo, não apenas em nosso registro do momento do nascimento, mas também no "holomovimento" contínuo.

Podemos também visualizar o universo como uma orquestra cósmica em que cada um de nós é um instrumento próprio da parte que a terra ocupa na seção do nosso sistema solar.

Reagimos a uma complexa cadeia de campos. No "pólo da matéria", eles incluem os campos gravitacional, eletromagnético, quântico e também mórfico das nossas formas biológicas. No "pólo da consciência", reagimos aos arquétipos do nosso inconsciente coletivo, nossos padrões culturais e individuais de percepção e ação. Esses arquétipos podem ser encarados como princípios universais em sua forma mais pura, e alguns dos arquétipos estão associados aos planetas, signos do Zodíaco e outros componentes do campo cósmico.

Enquanto ressoamos com os arquétipos, manifestamos expressões típicas de cada um deles, hábitos dos seus campos. E não apenas somos influenciados pelos hábitos de um campo arquetípico, como também contribuímos para a modificação desses hábitos — é um processo de mão dupla. Podemos modificar hábitos discordantes dos arquétipos.

COMO FAZER MODIFICAÇÕES

Como podemos modificar esses hábitos? A mudança fica patente se observarmos culturas e indivíduos. Podemos ficar presos a fases de um antigo padrão e então algo se modifica, e o antigo padrão torna-se claramente modificado ou surge um novo em seu lugar. Como diz Prigogine:

"Sabemos que podemos interagir com a natureza... A matéria não é inerte. É viva e ativa. A vida está sempre mudando de uma maneira ou de outra, adaptando-se a condições de não-equilíbrio. *Já que a idéia de um determinismo fatalista desapareceu, podemos determinar nosso destino, para o que der e vier*" (grifo nosso).[17]

Uma das maneiras de considerar a mudança do nosso destino seria considerando uma idéia que toma conta da nossa mente como um novo passo em uma nova estrutura — o conceito de universos paralelos. O físico Hugh Everett chegou à conclusão de que vivemos em um número infinito de universos que interagem continuamente. Além do mais, nesse sistema de infinitos universos paralelos, "todos os futuros possíveis realmente acontecem".[18]

Outros físicos também abraçam esse conceito. O autor de livros científicos Michael Talbot descreve uma conversa que teve com Alan Guth, um físico do MIT:

"Ele confessou que, se insistissem que ele desse sua opinião, sua escolha recaía sobre a Hipótese dos Vários Mundos. Quando lhe perguntei se isso significava que havia, naquele instante, uma multidão de Alan Guths e Michael Talbots conversando sobre temas semelhantes, num número indefinido de universos paralelos, com evidente relutância ele respondeu: Sim. Não podemos nos comunicar uns com os outros, mas todos nós existimos. É de confundir qualquer um. Mas é a interpretação mais simples da mecânica quântica, pelo menos do meu ponto de vista".[19]

Podemos visualizar nossa consciência indo de um universo paralelo a outro, de uma dança de música cósmica a outra; portanto, *mudando o nosso destino*.

★

Acabamos de relatar alguns dos desenvolvimentos recentes no campo da compreensão do *por que* nós, como indivíduos, estamos conectados aos padrões universais. Agora chegou a hora de examinar os últimos desenvolvimentos para entendermos *como* podemos modificar a forma de manifestação desses padrões.

Em todas as eras e culturas, pessoas entraram em contato com as energias de vários padrões arquetípicos através da reorientação da consciência, harmonização através da música, dança, rituais, oração, meditação e de muitas outras maneiras. E, mais recentemente, grandes progressos foram feitos na criação de formas altamente eficientes de se usar as habilidades naturais para redirecionar a consciência, que incluem o relaxamento e a visualização, não apenas ligadas a padrões internos, mas também para harmonizar padrões discordantes e curar o corpo, a mente e as expressões da vida.

Os dois próximos capítulos tratarão de algumas dessas surpreendentes evoluções, com a indicação de técnicas específicas que já provaram sua utilidade em ajudar as pessoas a mudarem padrões indesejáveis, se curarem e concretizarem potenciais que jamais sonharam que possuíam. Enfatizaremos as técnicas que podem ser aplicadas para mudar hábitos astrológicos indesejáveis.

E, a partir do capítulo 5, o "Zodíaco de transformação", trataremos mais especificamente dos padrões astrológicos que você deseja mudar.

RESUMO

1. Indícios concretos continuam a ser reunidos, que vêm corroborar uma variedade de reivindicações feitas por astrólogos.
2. Desenvolvimentos recentes no campo da ciência estão criando uma estrutura teórica que começa a explicar a astrologia.

3. Os conceitos-chave dessa nova estrutura científica são que a matéria e a energia não podem ser separadas e que os campos ao redor da matéria são fundamentais para a compreensão do fenômeno que ocorre no interior desses campos, inclusive os campos maiores do universo físico e novos tipos de campos — biológicos e da consciência.
4. O universo funciona como um holograma, em que cada uma das partes interpenetra a outra. Toda mudança é transmitida ao todo.
5. Nossos cérebros constroem a "realidade" através da interpretação de freqüências a partir de uma dimensão que transcende o tempo e o espaço. Dessa maneira, o cérebro é um holograma, que interpreta um universo holográfico. Cada um de nós pode ser considerado uma parte do holograma universal, e, portanto, carregamos o padrão do todo, não apenas no nosso registro da hora de nascimento, como também no "holomovimento" contínuo.
6. Um tipo especial de campo formativo, ou mórfico, foi proposto para cada tipo de sistema natural, átomo, organismos vivos, costumes, hábitos mentais, sistemas planetários e galáxias.
7. Os arquétipos, inclusive os signos zodiacais, os planetas e outros fatores da astrologia, podem ser considerados campos dentro dos quais nos relacionamos através da ressonância mórfica.
8. Há uma curva de *feedback* em que o campo estrutura a matéria que ali se encontra e as qualidades da matéria modificam o campo. Todos os organismos são estruturas dinâmicas que se auto-recriam continuamente sob a influência de seus estados anteriores.
9. Enquanto ressoamos com os arquétipos, manifestamos expressões típicas de cada um deles, "hábitos" dos seus campos. E não apenas somos influenciados pelos hábitos de um campo arquetípico, como também contribuímos para a modificação desses hábitos ao expressarmos os arquétipos.
10. Podemos considerar a mudança do nosso destino como o acesso a um universo paralelo, passando de uma dança com um tipo de música cósmica para outra dança.
11. Em todas as eras e culturas, pessoas entraram em contato com as energias de vários padrões arquetípicos através da reorientação da consciência, harmonização através da música, dança, rituais, oração, meditação, e de muitas outras maneiras.
12. Nos últimos anos, criaram-se formas altamente eficientes de se usar as habilidades naturais para redirecionar a consciência.

NOTAS

1. Citado por Jean-Louis Brau, Helen Weaver e Allan Edmands em *Larousse Encyclopedia of Astrology* (Nova York: McGraw-Hill, 1977), 164-5.
2. Citado por Paul Katzeff em *Full Moons* (Secaucus, N.J.: Citadel Press, 1981).
3. O dr. Michel Gauquelin é um psicólogo e técnico em estatística, formado pela Sorbonne, diretor do Laboratório para o Estudo do Relacionamento entre os Ritmos Cósmicos e Psicofisiológicos, de Paris, França. Desde 1949, Gauquelin vem reunindo datas

de nascimento de milhares de pessoas e estudando a correlação dos traços de personalidade e posterior escolha profissional, com a posição de alguns planetas no momento do nascimento, a partir do local de nascimento. Esses estudos foram comparados com grupos de controle e alguns deles foram reproduzidos por outros pesquisadores. Gauquelin continuou a confirmar os resultados por ele obtidos com a análise da data de nascimento de vários outros milhares de pessoas.

Entretanto, as implicações desse trabalho parecem confirmar alguns princípios da astrologia que pareciam totalmente impossíveis de serem conciliados com o atual ponto de vista científico segundo o qual os objetos se relacionam. Sendo assim, o trabalho de Gauquelin foi objeto de inúmeras críticas de cientistas.

A controvérsia em torno do trabalho de Gauquelin tem sido longa e amarga, mas o ponto básico é que observadores imparciais confirmam tanto a integridade de sua metodologia como suas conclusões. Os críticos que chamaram seu trabalho de fraudulento ou inconclusivo negaram dados básicos cruciais e, em alguns casos, parecem ter forjado seus próprios dados. Em geral, essas críticas vêm sendo publicadas em revistas científicas, que se negaram a publicar as contraprovas de Gauquelin e seus seguidores. Caso desejem saber detalhes mais completos dessa história curiosa, leiam o livro *The Case for Astrology*, de John Anthony West e Jan Toonder, a ser proximamente publicado (Penguin-Viking, 1990).

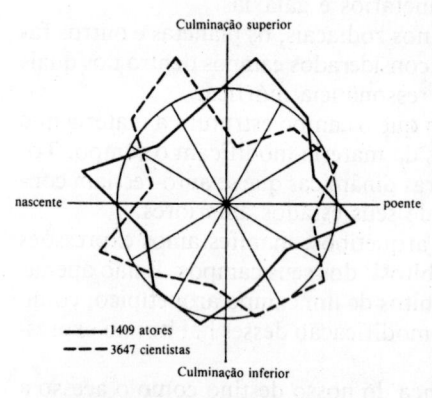

Figura 1. As posições de Júpiter no horóscopo natal de atores e cientistas (Copyright (c) 1981, por Michel Gauquelin, no livro *Your personality and the Planets*. Reproduzido com permissão de Stein and Day Publishers).

A posição de Júpiter no momento do nascimento dos atores é muito diferente da sua posição no momento do nascimento dos cientistas. Os momentos que favorecem o nascimento de atores de sucesso (linha em negrito) correspondem aos momentos que impedem o nascimento de cientistas de sucesso (linha pontilhada). O círculo indica a freqüência de nascimentos comuns. Este padrão antagônico é fantástico do ponto de vista estatístico.

4. Citado pelo dr. Larry Dossey, em *The American Theosophist* (edição especial de outono, 1982), p. 324.
5. *Ibid.*, 132.
6. Fred Hoyle, *Frontiers of Astronomy* (Nova York: Harper, 1955), 304.
7. Werner Heisenberg, *Physics and Philosophy* (Nova York: Harper Torchbooks, 1958), 158.
8. Toben and Wolf, *Space-Time and Beyond* (Nova York: E. P. Dutton, 1975), 128.
9. Citado por Marilyn Fergusson, *The Aquarian Conspiracy* (Los Angeles: J. P. Tarcher, 1980), 178.
10. George Leonard, *The Silent Pulse* (Nova York: Bantam, 1981), 78.
11. Rupert Sheldrake, *The Presence of the Past: Morphic Resonance and the Habits of Nature* (Nova York: Times Books, 1988), 91.
12. *Ibid.*, XVIII.
13. *Ibid.*, 300-1.
14. *Ibid.*, 133.
15. F. Davis Peat, *Synchronicity* (Nova York: Bantam, 1987), 16.
16. Sir Charles Eliot, *Japanese Buddhism* (Nova York: Barnes & Noble, 1969), 109-10, escrevendo sobre o *Avalamsaka Sutra*.

17. Citado por M. Lukas, "The World According to Ilya Prigogine", *Quest/80* (dezembro de 1980), 88.
18. Toben e Wolf, *Space, Time and Beyond*, 13.
19. Michael Talbot, *Beyond the Quantum: God, Reality, Consciousness in the New Scientific Revolution* (Nova York: Macmillan, 1987), 151.

CAPÍTULO 3

A mente encantada
★

Aquilo em que acreditamos torna-se realidade, e todos os passados, presentes e futuros possíveis são como canais diferentes de um receptor de televisão.
MICHAEL TALBOT. *Mysticism and the New Physics.*

★

Era uma vez um imperador da China antiga chamado Kru Won, governante inteligente porém cruel, que liderava seu povo com mão de ferro. Tinha muitas esposas guardadas por eunucos reais, enquanto ele se divertia jogando e divertia seus súditos com jogos públicos. Infelizmente, um dos generais de maior confiança do imperador apaixonou-se por uma das esposas prediletas de Kru Won e fugiu com ela. Foram capturados e voltaram à corte de Kru Won, para receberem o castigo.

Em vez de decidir cortar a cabeça, como era costume, o imperador achou interessante divertir a corte. Colocou o general no meio de um anfiteatro que tinha duas portas. Inclinando-se por cima de um balcão em direção ao general, o imperador disse: "O senhor deverá abrir uma daquelas duas portas. Atrás de uma delas coloquei uma bela donzela; atrás da outra, um tigre faminto.

"Assim, meu caro, ou você se casará ou será comido vivo. Minha esposa, aqui ao meu lado, que partilhou sua cama, sabe atrás de que portas se encontram a donzela e o tigre. Como vocês dois nutrem um profundo amor um pelo outro, dei-lhe permissão para indicar-lhe o que está atrás de cada uma das portas".

O general olhou para a mulher amada, e ela indicou a porta à esquerda. Ele correu e abriu-a imediatamente.

★

Quem ele encontrou atrás da porta, a donzela ou o tigre?

A resposta em que você acabou de pensar é muito importante, pois ela lhe dará uma idéia de como você se comporta na vida — com confiança ou desconfiança, otimismo ou pessimismo. Mais adiante, neste capítulo, examinaremos essa atitude e daremos a resposta da história que acabamos de contar.

O PODER DA ATENÇÃO E A MENTE HOLOGRÁFICA

A mente já foi comparada a um computador. O nível de qualidade da nossa vida depende de sermos seu mestre ou escravo. Esse instrumento tem um potencial ilimitado, e se entendermos seu funcionamento poderemos modelar não apenas o nosso futuro, bem como o do mundo.

Em todas as épocas, sempre existiram pessoas que conseguiram atingir seus objetivos. Entretanto, nos últimos tempos, a cultura ocidental subestimou ou negou o papel da mente sobre a matéria. Neste capítulo do livro, descreveremos como a aceitação dos vastos poderes da mente vem ressurgindo em muitas ciências — percebendo não somente o *que* a mente é capaz de fazer, mas também *como* atingir essa capacidade.

Quando ficar claro o que é possível fazer com a mente, e como fazê-lo, voltaremos à astrologia, focalizando a reprogramação da estrutura mental consciente e inconsciente.

A mente é como uma câmara que tira fotografias do que acontece com a pessoa. As imagens mentais são especiais. Elas armazenam informações, acessíveis consciente ou inconscientemente, do que foi visto, ouvido, sentido, cheirado e provado pela pessoa no momento em que a fotografia foi batida. Elas são o que chamamos de memórias ou pensamentos. A informação contida nas imagens mentais é ativada pela ATENÇÃO. A atenção é o elemento principal. Ela é o nosso poder, nosso timão, nosso bastão de controle, o controle remoto do nosso canal interno de televisão.

Uma das mais interessantes teorias científicas atuais é a de que essas imagens mentais são como hologramas. Como já explicamos no capítulo 2, os hologramas não são imagens bidimensionais do tipo das encontradas na capa dos livros, ou nas fotos das revistas, ou nos quadros de pintura. Os hologramas são imagens tridimensionais feitas com raio *laser*. Elas se tornaram comuns em nossa vida, encontradas em cartões e vendidas nas lojas de *souvenirs* e de novidades.

Como já foi mencionado no capítulo 2, as duas características principais dos hologramas são: primeiro, ao tomarmos uma fotografia bidimensional, recortando-a e projetando luz através de um de seus lados, apenas a parte da imagem contida no pedaço escolhido será ressaltada, ao passo que, se despedaçarmos em mil pedaços uma chapa holográfica, um dos pedaços, se colocado diante de uma luz *laser*, reproduzirá sempre a imagem total. Cada uma das partes do holograma contém a imagem completa do todo. A segunda característica é que, ao modificarmos o ângulo da chapa, o holograma pode receber informações de milhares de imagens sobre uma mesma chapa. Ao modificarmos o ângulo da chapa, a imagem aparece, desaparece e reaparece.

As duas características principais dos hologramas levaram Pribram a propor a teoria do cérebro holográfico, como mencionamos anteriormente, para explicar alguns dos mistérios antes inexplicáveis sobre a mente e o espírito.

Uma câmera de cinema produz 24 imagens por segundo para simular o movimento real nas telas de televisão e de cinema. A mente produz as imagens da mesma maneira. A informação dessas imagens é classificada (através de cancelamentos, distorções e generalizações), armazenada no cérebro e ativada, através da nossa atenção ou de estímulos externos, que "disparam" a memória.

Podemos testar imediatamente esse sistema de informação, armazenamento e acesso. Faça com que seu biocomputador crie a imagem de uma bola na tela do seu receptor interno de televisão ou na frente do seu olho mental.

Milhares de imagens de bolas poderiam ter sido escolhidas: bolas de futebol, de beisebol, de basquete. Deixe a imagem escolhida de lado um instante e imagine uma árvore, qualquer tipo de árvore.

Agora, pense na imagem de seu quarto. Da escola onde fez o ginásio. Do seu professor preferido. E que tal daquele professor de quem você não gostava? Pense na escola onde fez o primário. Você consegue ver a frente do prédio? E seus professores daquela época? Agora, pense em seu quarto no momento em que estava no primário.

Você deve ter percebido o que queremos dizer. A mente é uma coleção de imagens holográficas do passado que podem ser acessadas. Ela está cheia de informações antigas. Nenhuma das imagens está acontecendo no presente, mas é possível ter um acesso imediato ao filme do evento ou da lembrança que está sendo revisto. É parecido com um álbum de família. A mente é uma biblioteca. As imagens do passado nada têm a ver com o momento atual. Mas elas podem influenciar a percepção do momento atual e modificar os sentimentos da pessoa (e até mesmo as células do seu corpo) de maneira radical e praticamente imediata.

Queremos que você recorde dois acontecimentos de sua vida. Depois pediremos que volte a pensar neles. Mas, antes, queremos apenas que se lembre de dois acontecimentos. Feche os olhos, se precisar, e lembre-se de um momento de sua vida em que se sentia muito triste ou deprimido. Assim que tenha se lembrado, coloque-o de lado e pense em outro momento de sua vida, em que se sentiu feliz ou excepcionalmente capaz.

Volte à primeira imagem do acontecimento triste ou deprimente, sente-se e assista ao filme do incidente com o seu olho mental no que estamos chamando de receptor de televisão interno. Veja o que viu naquela época, ouça os sons que ouviu naquele momento, as vozes, talvez uma música. Sinta o que estava sentindo na época, os aromas, talvez de um alimento sendo preparado ou outros aromas mais fortes, até que comece a se sentir triste ou deprimido.

Depois, abra os olhos e mexa-se antes de passar ao próximo passo.

Veja agora a segunda imagem, do momento em que se sentia feliz ou capaz, feche os olhos, se precisar, e passe o filme — vendo, ouvindo, sentindo as sensações e os aromas daquele momento, até que se sinta feliz e/ou capaz. Abra os olhos.

Você deve ter notado que em menos de meio minuto (às vezes, em segundos) começou e passou a se sentir feliz ou deprimido, dependendo de que lembranças, imagens ou filme estava passando. Aquele em que estava prestando atenção, no qual focalizou sua "lente", influenciou seus sentimentos atuais.

Isso não é interessante? Mesmo que estejamos em um dia maravilhoso, sentindo-nos bem, caso uma lembrança deprimente nos "venha à lembrança" passamos a nos sentir péssimos, mesmo que a coisa responsável pela tristeza não esteja acontecendo *no momento* e que um segundo antes estivéssemos nos sentindo de ótimo humor. Talvez você já tenha passado por essa experiência muitas vezes.

Sigamos adiante. Pesquisas recentes realizadas em várias universidades demonstraram que não somente essas imagens holográficas podem influenciar ou modificar nosso humor e sentimentos, como também uma imagem vista por nosso olho mental pode influenciar nosso corpo, até no nível celular, em um tempo espantosamente curto.

Na revista *Omni* (vol. 5, n? 5, de fevereiro de 1983), Marc McCutcheon relatou os resultados da pesquisa realizada pela Universidade Estadual da Pensilvânia. O psicólogo Howard Hall queria testar a afirmação de certos médicos de que a visualização criativa ajuda no combate ao câncer. Ele fez a contagem dos glóbulos brancos de alguns pacientes cancerosos e ensinou-lhes a auto-hipnose, que trata basicamente do relaxamento dos principais músculos do corpo. Quando o corpo está relaxado, a mente torna-se relaxada também.

O dr. Hall ensinou àqueles pacientes técnicas de relaxamento semelhantes às que descreveremos no capítulo seguinte. Depois, pediu aos pacientes que imaginassem seus glóbulos brancos como sendo tubarões fortes e famintos que se alimentavam das células cancerosas. As crianças podiam até imaginar que era o bichinho do jogo "come-come" que se alimentava dos glóbulos nocivos. Uma hora depois, fez-se nova contagem dos glóbulos brancos. Hall disse aos pacientes que praticassem a visualização duas vezes ao dia, durante uma semana, e depois fez nova contagem dos glóbulos brancos.

Os resultados foram impressionantes, sobretudo se considerarmos que os glóbulos brancos constituem a primeira linha de defesa contra células cancerosas mutantes e outros invasores do corpo. A contagem dos glóbulos brancos subiu, em média, de 13.508 para 15.192 e uma semana depois chegou a 18.950. Algumas pessoas saíram-se melhor, mas a hipótese estava comprovada. "Por alguma razão desconhecida", diz Hall, "a mente pode influenciar o corpo, mudando a bioquímica do sangue".[1]

Existem vários outros exemplos. Na verdade, criou-se um novo campo de estudos, chamado psicoimunologia, que estuda o efeito do uso controlado da visualização sobre os glóbulos e outros sistemas imunológicos do corpo humano. Muitas pessoas cresceram com a idéia do poder da "mente sobre o corpo", mas, antigamente, tratava-se apenas de uma teoria, uma filosofia de vida. Atualmente, é um fato científico — qualquer imagem mental à qual prestemos atenção, sobretudo quando relaxados ou muito concentrados, modifica não somente nossos sentimentos e emoções, mas até mesmo as células do corpo, e em pouco tempo. Mesmo imagens bobas, como a de um tubarão ou a de um "come-come" alimentando-se de glóbulos nocivos, provocam mudanças fisiológicas profundas no sistema imunológico.

O PODER DA AUTO-IMAGEM

A auto-imagem, a imagem de quem achamos que somos, consciente ou inconscientemente, que nos acompanha o tempo todo, tem uma enorme influência sobre nosso peso, saúde, prosperidade, auto-estima, emoções e vida espiritual, nossos relacionamentos; é a base de nossa vida.

Continuando com o exame da natureza da mente, pedimos que faça uma colagem do que acha negativo em você. Em outras palavras, componha uma imagem de todas as coisas negativas que já foram ditas a seu respeito. Você é alto demais, preguiçoso, mentiroso, gordo, magro, ou seja lá o que for.

Agora, coloque de lado essa primeira imagem. A imagem que queremos que construa é uma imagem totalmente positiva de si mesmo. Inclua todas as coisas positivas que foram ditas sobre você ou que você mesmo ache a seu respeito.

Em seguida, divida a tela de seu receptor interno de televisão em dois e coloque as duas imagens lado a lado, e examine-as. Interessante? Qual delas é a correta? Que imagem pode ser considerada a verdadeira auto-imagem? Qual delas faz você sentir-se bem? Qual delas faz você sentir-se mal?

Nenhum dos hologramas é verdadeiro ou não. O que torna um deles real é a atenção que lhe dispensamos e o consideramos verdadeiro. Nenhuma das informações do nosso biocomputador é intrinsecamente verdadeira, sem nosso consentimento e nossa ação em relação à informação contida no holograma. Esse é o segundo princípio do controle da nossa mente para nos tornarmos comandantes da nossa vida.

O ESPÍRITO, A MENTE E O CORPO

Para controlar nosso biocomputador pessoal e criar nosso futuro, é essencial compreender não somente a natureza holográfica da mente e dos pensamentos, como também *quem somos* em relação a eles. Somos um *espírito*, infinito e extraordinariamente indescritível. Deixaremos que você mesmo defina sua natureza espiritual, de acordo com sua criação pessoal e/ou religiosa.

Somos espíritos que habitam instrumentos chamados corpo humano. Não há muitas pessoas que prestem atenção a espíritos *sem* corpo, de forma que, se quisermos *conseguir um papel no teatro da vida*, devemos encontrar uma mulher grávida e nos introduzirmos no feto que ela carrega. É necessário comprar uma entrada de cinema, para assistirmos a um filme. Da mesma forma, a entrada para o jogo da vida, tal como ele é realizado na Terra, é o corpo. O instrumento de controle do corpo é a mente, através do uso de imagens mentais.

Estamos utilizando o antigo conceito filosófico grego da trindade espírito, mente e corpo. A mente é a "mesa telefônica" de comunicação entre o espírito e o corpo. Se quisermos ficar de pé, primeiro pensamos na ação e nos imaginamos ficando de pé e depois (estamos simplificando) o corpo executa o programa holográfico de pensamento e imagem. Claro que muitas das funções do corpo estão ligadas no piloto automático, como os batimentos cardíacos e a respiração; porém, mesmo essas funções podem ser controladas conscientemente através do uso de imagens e visualizações criativas.

NÃO SOMOS NOSSA MENTE

"Essa maneira de entender a consciência é usada na filosofia ocidental quase exclusivamente como uma maneira reflexiva da consciência, autoconsciência ou a diferenciação entre nós e os outros. Em filosofia, essa distinção é chamada de "intencionalidade" e baseia-se na idéia de que *podemos saber que tipo de percepção possuímos a partir dos objetos que percebemos*"(grifo nosso).

KARL PRIBRAM,
The Holographic Hypothesis of Brain Function.

"Aquilo que procuramos olha para nós."

SÃO FRANCISCO DE ASSIS,
citado por Marilyn Ferguson em *The Aquarian Conspiracy.*

Vamos voltar um instante à afirmação que pode tê-lo surpreendido ou confundido — a de que não somos nossa mente ou nossas imagens internas. Quando entender o que isso significa, você poderá se dar um grande presente de liberdade pessoal e de paz de espírito.

Feche este livro e segure-o. Faça uma imagem mental dele, prestando apenas atenção ao que ele é. Uma reprodução holográfica automaticamente surgirá em sua mente. Coloque o livro de lado, feche os olhos e pense na imagem holográfica que acabou de criar. Quem é *você* em relação à imagem do livro que acabou de criar?

Imagine uma casa. Observe-a. Quem é *você* em relação à imagem que está observando?

Sem dúvida, você é o *espectador*, o *observador*, a *testemunha*, da imagem vista pelo seu olho mental. Se você *fosse* a imagem criada não poderia enxergá-la, já que *seria* a imagem! Da mesma forma que não consegue ver seus olhos, a não ser em frente a um espelho.

É por isso que você não é nenhuma das lembranças ou pensamentos ou hologramas que registrou, armazenou e teve acesso até agora em sua vida. Você, o espírito, decide se quer ou não prestar atenção às imagens holográficas de pensamento dos seus arquivos mentais. A escolha é *sua*. *Você* é quem chama a imagem para "vê-la" em seu receptor interno. Mesmo nos momentos em que as lembranças holográficas "pulam" para dentro da tela interna da sua mente (aparentemente sem convite prévio) — talvez estimuladas por algo que você viu, ou quando você se pega observando totalmente "tomado" pela imagem —, ainda assim tem a possibilidade de mudar de canal ou simplesmente prestar atenção à outra lembrança holográfica, ou concentrar-se no que estava fazendo segundos antes da intrusão daquele pensamento.

ATENÇÃO: O QUE É, O QUE FAZ

"A atenção é o processo da consciência que dá início à reflexão."
KARL PRIBRAM

Em certa medida, a percepção *é* realidade! O que ouvimos, vemos e sentimos é a realidade que vivenciamos, porque é assim que é feita nossa neurologia. A atenção é a força vital direcionada ou concentrada em algo externo ou interno. É como uma lanterna em um cômodo totalmente escuro. O que é focalizado pela lanterna passa a ser notado ou percebido como sendo o local onde estamos. O que chamamos de Lei de Atração nada mais é do que: aquilo em que concentramos nossa atenção aumenta de proporção.

Pense na mangueira da figura 2. A água da mangueira é sua consciência e força vital. Para onde quer que dirija a mangueira, os fluidos nutrientes de sua essência e consciência seguem, alimentando e tornando mais real o que chamou sua atenção. O diâmetro do bocal é sua *aten-*

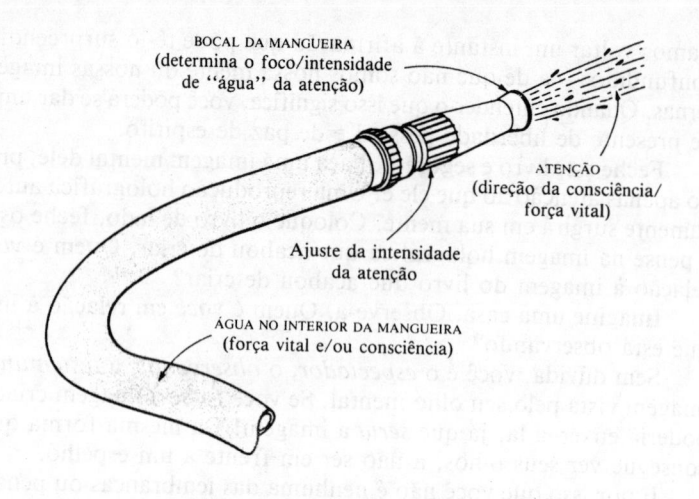

Figura 2. Dirigindo a atenção

ção e controla a intensidade e volume da consciência da força vital que é direcionada por sua atenção.

A atenção é um dos aspectos da vida que pode ser controlada. Ao ver o corpo da figura 3, você acha que está meio cheio ou meio vazio?

Simplista? Claro!

Ilusoriamente profundo? Sim!

O aspecto, ponto de vista, ou atitude usada para abordar uma situação, vai afetar essa situação. Esse é o princípio de todas as técnicas de cura de *stress*.

Observe a linha em forma de arco. Ela é côncava ou convexa? Na mesma linha, um dia ensolarado com algumas nuvens seria considerado por você como parcialmente nublado ou parcialmente claro? Por mais que esses exemplos pareçam simples, a tecnologia da atenção acompanha as últimas pesquisas científicas sobre como lidar com o *stress* e manter a saúde física e mental, pois o que importa não é o que acontece na nossa vida, mas como *agimos* em relação ao que nos acontece.

REMODELAGEM:
COMO TRANSFORMAR LIMÕES EM LIMONADA

"Os feiticeiros dizem que estamos no interior de uma bolha. Trata-se de uma bolha em que somos colocados no momento do nosso nascimento. No início, a bolha começa a se abrir, mas logo ela se fecha, até nos encerrar dentro dela. Essa bolha é a nossa percepção. Vivemos dentro dela toda a vida. E o que vemos refletido em suas paredes redondas é o nosso próprio reflexo."

CARLOS CASTAÑEDA. *Tales of Power*.

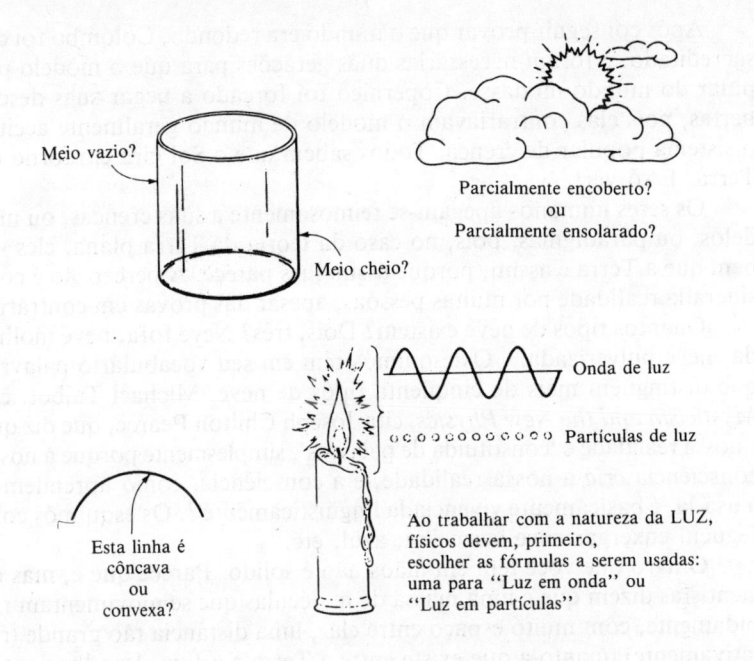

Figura 3. Alternativas de pontos de vista

Há um ditado popular: "Quando a vida nos dá um limão, façamos uma limonada". Isso é chamado remodelagem em programação neurolingüística (PNL). Um *modelo* é o modo como percebemos o mundo. É o mapa pessoal que usamos na nossa viagem pela vida. Só que, como enfatiza Gregory Bateson, em *Ecology of Mind*, *o mapa não é o território*. Confundir o mapa com o território seria o mesmo que ir a um restaurante e comer o cardápio! O cardápio é apenas uma descrição do alimento, não o alimento em si. Todos temos crenças, idéias e modelos preferidos de um mundo. É a nossa forma predileta de perceber a realidade, embora todos os progressos pessoais e científicos desse planeta só tenham sido possíveis através de uma remodelagem, ou seja, a mudança da maneira como percebemos o mundo. William James, em *Varieties of Religious Experience*, diz o seguinte: "Uma idéia (crença) pode abalar completamente a pessoa, mesmo que não exista. Ela colore nossa experiência total da realidade material".

Por que uma pessoa que vive no hemisfério ocidental ao andar por uma estrada à noite, e ouvir trotes atrás de si, não pensa tratar-se de uma zebra?

No tempo de Cristóvão Colombo, o mapa-múndi aceito pelas pessoas era plano. O mapa admitido no tempo de Copérnico colocava o mundo no centro do universo.

59

Após conseguir provar que o mundo era redondo, Colombo foi desacreditado, e foram necessárias duas gerações para que o modelo popular do mundo mudasse. Copérnico foi forçado a negar suas descobertas, pois elas contrariavam o modelo de mundo geralmente aceito, o sistema popular de crença. Todos sabem que o Sol gira em torno da Terra. É só ver!

Os seres humanos apegam-se teimosamente a suas crenças, ou modelos, ou paradigmas, pois, no caso da teoria da Terra plana, eles sabem que a Terra é assim, porque assim lhes parece. A percepção é considerada realidade por muitas pessoas, apesar das provas em contrário.

Quantos tipos de neve existem? Dois, três? Neve fofa, neve molhada, neve pulverizada... Os esquimós têm em seu vocabulário palavras que distinguem mais de cinqüenta tipos de neve. Michael Talbot, em *Mysticism and the New Physics*, cita Joseph Chilton Pearce, que diz que "nossa realidade é 'constituída de palavras', simplesmente porque a nossa consciência *cria* a nossa realidade, e a consciência, como aprendemos a usá-la, é basicamente vivenciada lingüisticamente". Os esquimós conseguem enxergar neve vermelha, azul, etc.

O livro que você tem em mãos não é sólido. Parece que é, mas os cientistas dizem que é uma massa de moléculas que se movimentam rapidamente, com muito espaço entre elas, uma distância tão grande (relativamente) quanto a que existe entre a Terra e a Lua. Isso lhe parece real? Mas essa teoria já foi demonstrada, e todos aceitam a idéia de que ínfimos átomos movem-se rapidamente e formam a matéria que nos parece sólida. Como afirma Talbot, citando os livros de Castañeda: "As coisas tornam-se reais apenas quando a pessoa aprende a concordar com sua realidade".

Assim, a maneira como a pessoa reage a algo e o descreve para si e para outras pessoas torna-se real para ela. Se dissermos que podemos, podemos. O subconsciente obedecerá. Se dissermos que não podemos, sabe o que vai acontecer? Não podemos.

A comunidade médica ridicularizou William Harvey quando ele sugeriu que o sangue circulava nas veias. E também considerou que lavar as mãos entre uma e outra cirurgia era superstição. E disse a Roger Bannister que o coração não suportaria correr um quilômetro e meio em menos de quatro minutos.

Os irmãos Wright foram ridicularizados quando tentaram construir uma máquina voadora mais pesada que o ar. Além disso, eles eram apenas consertadores de bicicleta. As pessoas ou riam da carruagem sem cavalos de Ford ou achavam que era coisa do demônio, magia negra.

Pode-se fazer tudo aquilo que sonhamos, mesmo que todo mundo discorde. *Você* controla seu destino. As únicas limitações são as que você mesmo se impõe. As únicas limitações são seu sistema de crença, seu mapa pessoal do mundo — seu modelo, perspectiva ou idéias preferidas, sua opinião de si mesmo e como o mundo o aceitará. Como disse o dr. Irving Oyle, cuja história sobre o tigre e a donzela tomamos a liberdade de adaptar, em seu fabuloso livro *Time, Space and Mind* ("O tempo, o espaço e a mente"): "Você é uma pessoa pessimista ou otimista? Em outras palavras, você acha que o universo em que habita é indiferente à sua existência e bem-estar? Ou você acha que o cosmos, nossa galáxia e nosso sistema solar foram especialmente feitos para desenvolver nosso crescimento pessoal, nossa felicidade e nossa evolução?".

Um general está perdendo a batalha e remodela o incidente para seus soldados, dizendo: "Não estamos batendo em retirada, apenas avançando em outra direção".

Um cliente nos contou a história de seu enorme nariz. Ele o detestava. Era imenso. Até que um dia sua filhinha de um ano saltou em seus braços de maneira muito entusiasmada e quase caiu. Ela imediatamente estendeu as mãos e agarrou seu nariz. Ele adora contar esse caso.

As pessoas riam do nariz de Rudolph, até que Papai Noel usou-o para iluminar seu caminho na noite de Natal.

Algumas pessoas possuem naturalmente o dom de remodelar. Uma famosa apresentadora de uma grande rede de televisão deu uma entrevista sobre sua bem-sucedida carreira. Ela contou a história de sua primeira entrevista numa pequena televisão do interior. Foi um fracasso total. Sua mãe, que a levara ao programa, esperava-a no carro. No caminho de volta para casa, debulhando-se em lágrimas, a futura entrevistadora de sucesso queixou-se: "Sinto-me tão humilhada. É como se eles tivessem me dado uma surra, como se tivessem me dado uns safanões". Sua mãe virou-se e disse: "Pense em cada safanão como um impulso para diante e você conseguirá superar isso". Ela nunca esqueceu o conselho.

Vamos contar a história de uma pessoa que finalmente tornou-se presidente dos Estados Unidos. Aos 31 anos, ele viu falir seu primeiro negócio e um ano depois foi derrotado nas eleições. Aos 34 anos, sua nova empresa também faliu. Um ano depois, o amor de sua vida faleceu, e ele ficou tão abatido que teve um colapso nervoso. Aos 38 anos, perdeu de novo as eleições e aos 41 não conseguiu se eleger deputado federal. Isso tornou a acontecer aos 46 e aos 48 anos de idade. Mas ele continuou a concorrer, quando qualquer outro já teria desistido. Quando estava com 55 anos, perdeu as eleições para o Senado, e um ano depois perdeu a indicação para a vice-presidência da República. Dois anos depois, aos 58 anos, perdeu sua segunda chance de entrar para o Senado americano. Finalmente, aos sessenta anos, ele foi eleito presidente dos Estados Unidos e governou o país durante um dos mais difíceis períodos de sua história, a Guerra Civil. Seu nome: Abraham Lincoln.

É no momento em que acontece um incidente, ou logo em seguida, que se toma uma decisão, ou programação, interna. É uma questão de um tipo de atitude, isto é, o ângulo ou ponto de vista do qual estamos habituados a enxergar a vida, e que filme está sendo mostrado em nossa tela chamada vida. Se Lincoln tivesse prestado atenção em seus fracassos, talvez achasse que era um fracasso. Não há dúvida de que ele remodelou todas as experiências e encarou-as como momentos de aprendizado e crescimento.

Se você nasceu com uma forte influência de Áries, pode, como mencionamos no capítulo 1, transformar as características "negativas" desse signo em "positivas". Isso mesmo. Sua "impulsividade" transforma-se em "reflexos rápidos". Sua "arrogância" torna-se "persistência face aos obstáculos".

É uma questão de posicionar suas lentes de percepção, e decidir em que deseja prestar atenção. As tempestades da vida estão sempre presentes dentro de nós. Pense em seu passado. Talvez você prefira ficar em silêncio durante alguns minutos e passar o filme de toda a sua vida, desde as primeiras lembranças até o presente.

Como deve ter notado, há sempre tempestades em sua vida. Bem, temos boas notícias a esse respeito. Comandantes de navio com experiência em furacões e ciclones sempre procuram atingir o *olho do furacão*, o *centro do ciclone*.

Mesmo que pareça assombroso, no meio da violência da natureza há uma área totalmente calma, enquanto ao redor há as nuvens negras, ventos, chuva e ondas assustadoras. O centro calmo do furacão Gilbert, a tempestade devastadora de 1988, tinha 18 quilômetros de diâmetro!

A questão é saber: Onde você deseja montar a sua casa? Onde quer residir enquanto toma suas decisões e faz seus planos? Prefere permanecer no meio da tempestade e ficar como o boneco joão-teimoso, sendo jogado de um lado para o outro, pelo destino e pelas circunstâncias, ou residir no centro do furacão de sua vida, no centro calmo do olho do ciclone e tomar suas decisões a partir dali?

Acredite ou não, algumas pessoas preferem a primeira opção, a da montanha-russa. No *Livro das mutações*, o *I Ching*, que parece ter sido escrito por volta de 1150 antes de Cristo, existem 64 hexagramas que ensinam a viver uma vida equilibrada. Num certo sentido, eles são 64 meta-hologramas da vida. O de 61, "Verdade interior", possui uma linha que diz o seguinte: "Você depende de seus relacionamentos externos para indicar seu humor ou medir sua autoconfiança. Isso poderá levá-lo ao mais alto céu, depois mergulhá-lo num desespero mortal. Talvez você goste desse tipo de emoção". Como pode-se ver, o *I Ching* não julga as preferências pessoais de ninguém.

Nem sempre é agradável enfrentar a dura realidade da vida. Muitas vezes, é difícil. Mas, mesmo na pior das circunstâncias, temos a possibilidade de escolher nosso ponto de vista. Para abrandar os fatalistas que podem estar lendo este livro, digamos que nas circunstâncias em que parecemos não ter controle algum sobre os *incidentes* da nossa vida — o *que* encaramos — nosso livre-arbítrio *exercita-se* no *como* encaramos esses incidentes. Controlamos a maneira como escolhemos vivenciar nossa vida e o que vamos fazer com as informações que a vida nos dá, mesmo que sejam desconcertantes ou deprimentes.

Existem milhares de exemplos de pessoas que enfrentaram tragédias e terríveis provações em suas vidas. Vou usar o exemplo extremo de uma das experiências mais devastadoras do ponto de vista físico, emocional e espiritual já enfrentada por um ser humano, em um dos ambientes mais antivida já criados: os campos da morte.

Há vários livros que descrevem as experiências pessoais e as pesquisas realizadas com os sobreviventes desses campos. Um dos livros mais interessantes sobre o assunto é *The Informed Heart*, de Bruno Bettelheim. Como psiquiatra do campo de concentração, ele ficou fascinado com as pessoas que mantinham o coração aberto, apesar do incomensurável mal que as atingia.

Em um artigo publicado na revista *New Realities* (julho/agosto de 1988), o dr. Blair Justice, autor premiado, pesquisador e professor de psicologia do Centro de Ciência da Saúde da Universidade do Texas, descreve as últimas descobertas sobre a atitude da pessoa que se encontra sob *stress*.

"Os efeitos devastadores dos campos de concentração nazistas foram discutidos durante décadas, mas nunca se prestou muita atenção na questão: 'Como alguém conseguiu sobreviver a tal pressão?'. O psiquiatra Joel Dimsdale, então na Faculdade de Medicina da Universidade de Stanford, localizou dezenove sobreviventes que moravam em San Francisco que tinham uma saúde relativamente boa, e identificou as crenças e avaliações desses sobreviventes como a fonte do sucesso de suas atitudes. Por exemplo, alguns dos sobreviventes aprenderam a se 'concentrar no que era bom' — em outras palavras, serem capazes de se sentir gratos por conseguir comer sem levar uma surra, ou apreciar o pôr-do-sol.

Os antigos prisioneiros também saíram ganhando por se concentrar em um objetivo: sobreviver. Alguns sobreviveram para se reunirem novamente com seus familiares, outros para testemunharem contra as atrocidades dos campos e outros ainda para se vingarem. Alguns evitaram entregar os pontos, mantendo um senso de controle e autonomia sobre algum ponto de suas vidas. Eles continuaram a observar o *Yom Kippur*, mesmo face a todas as adversidades. Aprenderam a se congratular por continuarem vivos em um local cujo objetivo principal era matar as pessoas.

...O grau de adversidade ou dano causado por um incidente depende da forma como o enfrentamos... Esses estudos revelam que as dificuldades, apuros e mesmo o perigo não se com-

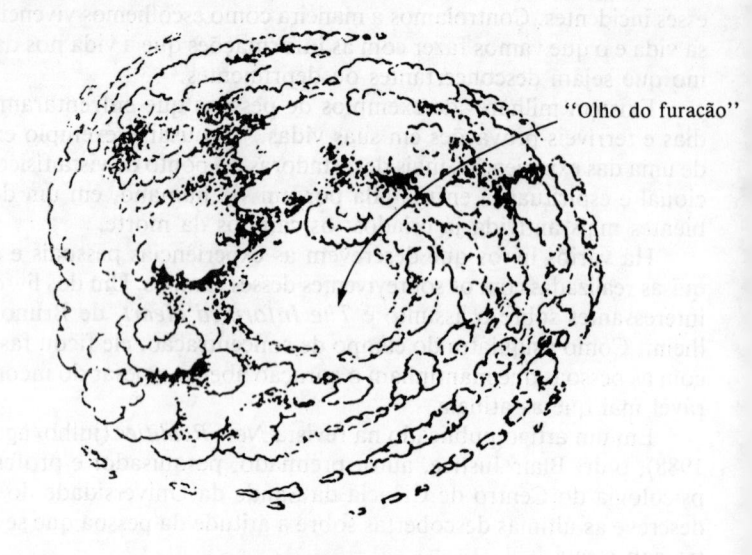

Vista via satélite de
um furacão no hemisfério norte
VISTA DE CIMA

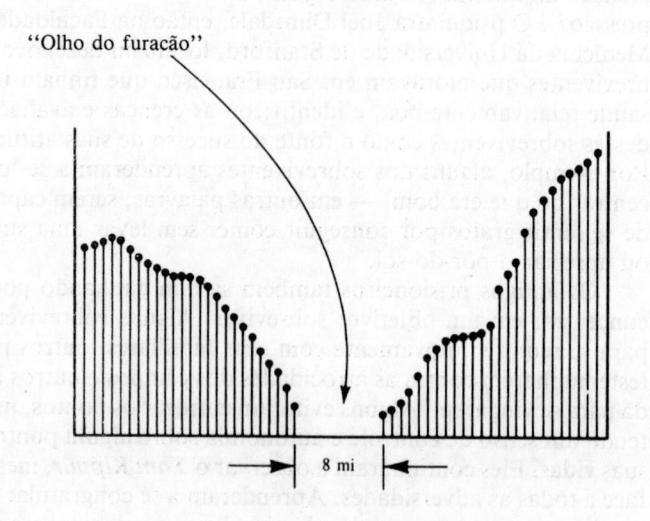

"Olho do furacão"

8 mi

Impresso em computador
Furacão Gilbert, 1988
VISTA LATERAL

Figura 4. A calma no olho do furacão.

param à aflição e aos riscos de uma doença. As adversidades que enfrentamos não determinam nosso estímulo físico e psicológico, nossa saúde ou doença. O que vale é a maneira como interpretamos a situação e a enfrentamos."[2]

A situação de *stress* pode ser imaginária ou real. O efeito é o mesmo. A percepção é a nossa realidade, pelo menos no que diz respeito ao corpo, e daremos mais detalhes a esse respeito mais adiante.

Essa lente de percepção que escolhemos usar para focalizar o mundo é o ponto básico da história da donzela e do tigre. Não existe uma resposta correta. Sua resposta revela se você tem ou não uma crença essencial de que o universo é fundamentalmente bom (o copo meio cheio). Sua resposta mostra suas crenças mais profundas a respeito da natureza da vida e sua atitude ou modelo geral — confiança ou desconfiança, otimismo ou pessimismo, um universo benevolente, ou seja, Deus, ou um universo aleatório, caótico e sem consideração com as pessoas. Ninguém pode fazer essa escolha ou decisão, a não ser você. Você.

DOIS SISTEMAS, UMA MENTE

Gostaríamos de apresentar ao leitor Eduardo Esquerdo e Daniel Direito, os mais importantes vice-presidentes da "corporação" de biocomputação da qual você é o presidente e proprietário. Você indicou deveres e funções específicas a cada um, e eles, de maneira específica, são essenciais para que sua vida funcione de maneira plena e completa. Ambos são necessários para que os negócios de sua vida sejam equilibrados.

Eduardo Esquerdo é o vice-presidente, a quem você delegou as seguintes áreas:

1. lógica
2. planejamento seqüencial
3. análise racional e tomada de decisões
4. uso da linguagem, exceto para piadas, trocadilhos e expressões idiomáticas (departamento de Daniel)
5. matemática
6. raciocínio linear, intelectual e não-emotivo
7. análise do todo, dividindo-o em partes (digitalização, em linguagem de computação)
8. controle de qualidade — a pessoa do final da linha de montagem, paga para descobrir erros e falhas

Eduardo Esquerdo é o crítico interno cético, o editor, que manifesta a síndrome de "números" do raciocínio constante e mantém um diálogo interno. Eduardo usa aproximadamente 10 por cento dos recursos da corporação.

Do outro lado, mais especificamente no hemisfério direito, encontra-se Daniel Direito, também vice-presidente de sua corporação (de corpo), encarregado de:

1. sentimentos e emoções
2. intuições inexplicáveis
3. sonhos — inclusive os devaneios, os sonhos fugidios, precognitivos, lúcidos, e sonhos de solução de problemas
4. todos os fenômenos paranormais — inclusive a percepção extra-sensorial, experiências fora do corpo, experiências de quase-morte, psicossíntese, bilocalização, curas psíquicas e outros
5. qualidades ilusórias, como carisma e atratividade
6. energia sexual (libido) e fantasias
7. personalidade
8. poesia e capacidade de descrever em detalhes
9. dança e ritmo
10. música
11. piadas, trocadilhos e expressões idiomáticas
12. comportamento bobo ou infantil
13. intuições inesperadas, as que chamamos de "Ah!"
14. súbitas descobertas científicas ou solução de problemas, a chamada experiência "Eureca"
15. compaixão e solidariedade ilógicas e repentinas
16. visões espirituais
17. oração
18. ação através da reprodução de imagens holográficas internas enviadas ao cérebro direito
19. arquétipos e metáforas
20. entusiasmo e paixão

Daniel usa aproximadamente 90% dos recursos da corporação.

Agora que você está um pouco mais a par da função dos dois principais funcionários do biocomputador (mente), vamos criar o seguinte cenário. Imagine-se sentado à cabeceira de uma enorme mesa de reuniões. Na semana anterior, você pediu a Daniel Direito e a Eduardo Esquerdo que lhe aconselhassem sobre a melhor forma de sair da cidade onde se encontra atualmente e aumentar seu nível de produção. A mudança deve ser para a Flórida ou a Califórnia? Eles entram na sala. Daniel senta-se à sua direita e Eduardo, à sua esquerda.

Você pede a Eduardo, cheio de energia nervosa, usando terno e colete, que lhe faça um relatório, com suas recomendações. Sentado com as costas eretas, no estilo militar, Eduardo abre bruscamente uma pasta de executivo, tira um grosso e bem-documentado relatório, com centenas de folhas de formulário contínuo sobre análises de custo e benefício, e começa a ler num tom monocórdio, sem emoção, dirigindo-se a você de maneira formal: "A sobretaxa dos custos, num período de depreciação de dez anos da curva Fowler de estimativas, é de 3 por cento, sobre uma perda de capital estimado da produção de 789,3 em 4,2 anos, dependendo do coeficiente de análise de fatores número 5... etc. e tal...". Ao acabar, Eduardo entrelaça as mãos e mantém sua intensa atenção.

Você vira-se para a direita e pede a Daniel que lhe forneça as conclusões do seu relatório. Daniel está à vontade, com os pés em cima da mesa, usando *jeans*, tênis e camiseta. "Bem", diz Daniel, "não sei direito. No que diz respeito à Califórnia, a única cultura que eles possuem é a do iogurte." Ambos começam a dar gargalhadas. Eduardo não abre a boca. "Bem, de qualquer jeito, tenho a impressão de que a Califórnia é o lugar ideal. Não sei dizer o porquê, é apenas uma intuição. Para falar a verdade, algumas noites atrás, sonhei que você estava na Califórnia, numa piscina recheada de notas de cem dólares. Você parecia bem feliz!"

A maioria das pessoas tem um conflito interno. Elas sentem algo, apesar de saberem, do ponto de vista lógico, que não deveriam sentir aquilo. Sua intuição parece dizer-lhes algo que lhes parece errado, em termos racionais. O dr. Elmer E. Green, diretor do departamento de pesquisas da Fundação Menninger e pioneiro de *biofeedback* e controle voluntário dos estados internos, escreveu o seguinte em um livro esclarecedor, *Ancient Wisdom and Modern Science* ("Sabedoria antiga e ciência moderna"):

> "Essa disparidade entre os lados esquerdo e direito do cérebro não se limita, em seus efeitos, aos problemas inter-hemisféricos. Ela também pode causar problemas interpessoais. Por exemplo, meu pai, extremamente lado esquerdo do cérebro, estava constantemente errado, porém por razões absolutamente corretas. E minha mãe, intensamente lado direito do cérebro, estava quase sempre com a razão, porém por razões absolutamente erradas. Pode-se imaginar como isso funcionava. Apesar de isso causar problemas na família, tive uma excelente oportunidade de me tornar o mediador familiar e, durante muitos anos, tive uma valiosa experiência em curar distúrbios causados pela dicotomia razão-intuição, não apenas os meus, mas os da minha família também... As partes funcionais do sistema nervoso não são 'de ferro' e inalteráveis. Ao contrário, como elas são flexíveis, hábitos normalmente inconscientes do corpo, das emoções e da mente, podem ser reprogramadas nas estruturas cerebrais, através de um treinamento auto-regulador e da força de vontade da pessoa."

(Na Futureshaping Technologies (TM), chamamos o treinamento auto-regulador de *programação holográfica* e a força de vontade, de atenção, ou seja, o ativador dos pensamentos e imagens internas.)

Pronto. Seus dois vice-presidentes já lhe entregaram os relatórios. Quem tem razão? Quem vai tomar a decisão final? Sem dúvida alguma, *você*!

Você é o presidente e o proprietário da corporação. Você, o espírito que habita seu corpo, usa a mente/biocomputador como uma *ferramenta*. A informação nada mais é do que informação. De certa forma, todos os sentidos nos dão informações erradas: eles mentem. Nossos sentimentos podem mentir, nossos olhos, nossa audição, nosso olfato e nosso paladar podem ser enganados. Do ponto de vista neurológico, nunca vivenciamos algo diretamente. Nossa mente apenas interpreta os sinais digitais que nos chegam através dos sentidos. São informações que recebemos de segunda mão. E é assim que a coisa funciona. Se a informação que nos chega através do ambiente em que nos encontramos não fosse censurada, ficaríamos sobrecarregados, já que tudo teria a mesma importância e viveríamos em eterna confusão, praticamente incapazes de apreender a realidade.

RESUMO

1. Você é um espírito dentro de um corpo, que possui um sistema de controle chamado mente.
2. A mente é como um biocomputador, com um sistema de armazenamento e de acesso a informações.
3. A mente cria imagens como uma câmera de filmar. Essas imagens especiais são chamadas hologramas.
4. Os hologramas são imagens tridimensionais que registram tudo o que você vê, ouve, sente, cheira e prova no momento em que a lembrança do que aconteceu ocorre.
5. A informação é distribuída de maneira uniforme através de um holograma. Mesmo que ele venha a se esfacelar, cada um dos seus pedaços reflete toda a imagem.
6. Sua mente é o painel de controle entre você, o espírito e o corpo.
7. Você não é sua mente; você é um espírito que observa a informação na tela do seu receptor interno. Se você fosse a sua mente, não seria capaz de ver as informações.
8. A mente é composta de dois lados, duas lentes separadas que focalizam informações diferentes do seu ambiente e do seu corpo. Um dos lados (Eduardo) é analítico e racional; o outro (Daniel), emotivo e intuitivo.
9. A *atenção* é o seu poder, sua varinha de condão. Os estímulos ambientais e as lembranças a que se presta atenção ficam ampliados. Tudo aquilo a que você presta atenção, o que você percebe, torna-se real, não importa o que esteja fazendo no momento. Ao prestar atenção ao que você não possui ou àquilo que você considera como deficiência, você começa a se sentir deficiente e negativo; quem sabe cínico

e amargo. Preste atenção aos milagres que já acontecem na sua vida, e você se sentirá abençoado.

★

NOTAS
1. Relatado por Marc McCutcheon em *Omni*, vol. 5 (fevereiro de 1983).
2. Blair Justice, *New Realities* (julho/agosto de 1988) e *Who Gets Sick — Thinking and Health* (Houston: Peak Press, 1987).

CAPÍTULO 4

Relaxando para encontrar seu potencial

★

*O que quer que possa fazer, ou sonhe que pode fazer, comece-o.
A ousadia possui genialidade, poder e mágica.*
JOHANN WOLFGANG VON GOETHE

★

O relaxamento e a visualização são habilidades naturais que usamos todos os dias, quer estejamos ou não conscientes. Essa combinação possui muitos nomes: visualização criativa, sonhar com os olhos abertos, treinamento autogênico, relaxamento progressivo e até mesmo, em alguns casos, a oração.

O efeito sobre nossa vida é profundo. O efeito sobre nosso corpo e nossa auto-imagem é imediato e impressionante e o efeito sobre a qualidade, o prazer e a unidade da experiência cotidiana da nossa vida, surpreendente. Nos anos 80, fizeram-se descobertas importantes para melhor compreendermos esse processo: experiências científicas provaram que as imagens mentais que criamos têm um efeito direto sobre nosso corpo, chegando até a estrutura celular.

Todo mundo conhece os princípios inerentes a esse processo. A manchete da capa da revista *Newsweek* de 7 de novembro de 1988 era: "Corpo e alma". O subtítulo falava das "novas descobertas que ligam o cérebro ao sistema imunológico, que sugerem que nosso estado mental pode nos afetar até o âmago das nossas células", e continuava

...dados concretos ligando bons pensamentos a uma boa saúde, ou maus pensamentos a uma má saúde, ainda não estão disponíveis. Ultimamente, as dúvidas começaram a desvanecer. Nos últimos dez anos, observamos uma explosão de descobertas na área da pesquisa que sugerem que a mente e o corpo agem um sobre o outro de maneira muitas vezes surpreendente... um estudo realizado este ano pela psicóloga Sandra Levy no Instituto do Câncer, de Pittsburgh, descobriu que um fator chamado "alegria" — em outras palavras, força e jovialidade mentais — era o segundo fator de sobrevida em um grupo de pacientes com reincidência de câncer da mama... O sistema imunológico parece comportar-se quase como se tivesse um cérebro próprio... (reagindo) ao apoio recebido de fora e à maneira como a paciente lida com o *stress*.

A idéia de que o pensar positivo ajuda a pessoa a se sentir melhor está se tornando um truísmo da medicina americana, e as clínicas de corpo-mente estão oferecendo terapias para todos os tipos de males, das dores de cabeça ao câncer... O dr. Steve Locke, diretor adjunto do Serviço de Consulta Psiquiátrica do Hospital Beth Israel, de Boston, chama o movimento corpomente de "terceira revolução" da medicina ocidental — equiparando-o lado a lado com o advento da cirurgia e a descoberta da penicilina.

As terapias menos controvertidas dentre as de tendência comportamental são orientadas para o tratamento de insônia, enxaquecas, úlceras, colite e pressão alta. Na Clínica Mente/Corpo do Hospital Diaconal, da Nova Inglaterra, o dr. Herbert Benson ensina às pessoas com distúrbios causados pelo stress o que é chamado de "reação de relaxamento" — um estado sereno que ele descreve como o outro lado fisiológico da reação "lutar ou fugir". Benson faz com que seus pacientes fiquem em silêncio, fechem os olhos e se concentrem em uma palavra ou frase curta, durante 10 a 20 minutos. Aqueles que praticam regularmente esse exercício tornam-se pessoas "menos irritadas, menos deprimidas, menos hostis e menos ansiosas"... 80% dos pacientes conseguiram diminuir a pressão e a dosagem dos medicamentos.

As terapias corpo-mente também têm grande aceitação nos tratamentos contra a dor. A hipnose, por exemplo, é um analgésico tão poderoso, que médicos já a usaram como substituto da anestesia em intervenções cirúrgicas. Segundo um artigo publicado por David Spiegal, psiquiatra de Stanford, no ano passado, da mesma forma que uma pessoa que lê uma revista fica desligada das sensações de suas costas, durante o transe hipnótico o paciente pode tornar-se inconsciente da dor, ao focalizar em outra sensação ou imaginar que a área dolorosa ficou dormente. Um paciente hipnotizado pode sentir o bisturi do cirurgião como se fora "um lápis levemente encostado no peito", segundo Spiegal, "e ficar livre da dor, mesmo após sair do transe".

Assim, ao fazer as visualizações e harmonizações descritas neste livro, você estará liberando os aspectos positivos da mente, coração e corpo. Outras mudanças positivas talvez aconteçam também.

Na maioria dos livros e vídeos sobre astrologia há uma certa concentração nos traços negativos. Como você deve estar sentindo, se prestar atenção a eles se transformará neles. Se cultivarmos o pessimismo, visualizando aquilo que é negativo — fracassos, erros, culpas —, ele crescerá. Pode-se argumentar que isso lembra Poliana, mas o escritor científico Daniel Goleman, em um artigo escrito em 1987 para o *New York Times*, intitulado "Pesquisa afirma o poder do pensamento positivo", diz:

> "Poliana estava com a razão, demonstra recente pesquisa.
>
> O otimismo — pelo menos, em doses razoáveis — pode pagar dividendos tão importantes quanto a saúde, longevidade, sucesso no trabalho e melhores resultados em empreendimentos.
>
> Essa nova pesquisa é um desenvolvimento de antigos estudos sobre as profecias auto-realizadoras. Os estudos antigos concentravam-se basicamente na tendência de as pessoas irem ao encontro das expectativas dos outros, um fenômeno conhecido como 'efeito Pigmalião'. O mínimo que se pode dizer é que o efeito Pigmalião é muito mais profundo do que se imaginava. Os novos estudos observaram as expectativas das pessoas em relação às suas vidas, e a conclusão foi que o poder das expectativas vai além do simples sucesso englobando qualidades íntimas e emocionais.
>
> 'Nossas expectativas não apenas afetam a maneira como enxergamos a realidade, mas a própria realidade', segundo Edward E. Jones, psicólogo da Universidade de Princeton, que analisou as pesquisas sobre expectativa num artigo publicado recentemente pela revista *Science*."

Outro exemplo do poder da visualização relaxada é dado pelo psicólogo australiano Alan Richardson. Seu objetivo consistia em descobrir se as habilidades físicas podiam ser melhoradas com a prática da visualização, e reuniu três grupos de jogadores de basquete e testou a habilidade de cada um deles em encestar. Todo dia, o grupo A deveria treinar durante vinte minutos. O grupo B não treinar. E o integrantes do grupo C deveriam apenas passar vinte minutos visualizando-se fazendo cestas perfeitas.

É fácil adivinhar que o grupo que não treinou, o B, não demonstrou progresso algum. O desempenho do grupo A melhorou em 24 por cento. O do grupo C, que usou apenas o poder da visualização, melhorou 23 por cento, quase tanto quanto aquele que praticou todos os dias. É fácil concluir por que os times olímpicos russos, americanos e de outros países ensinaram esse método a seus atletas.

Quem se lembra de Roger Bannister? Os famosos peritos da época achavam que era impossível um ser humano correr um quilômetro e meio em menos de 4 minutos. Bannister achou que podia, e conseguiu! Evidentemente, assim que outros corredores souberam que era possível, também passaram a correr aquela distância em menos de 4 minutos.

Algumas das pesquisas mais importantes feitas nos Estados Unidos sobre o uso da visualização para melhorar o desempenho em todas as áreas da vida — negócios, esportes e vida pessoal — estão sendo realizadas pelo dr. Charles A. Garfield. Garfield fez parte da equipe Apollo, que realizou a histórica descida na Lua, e é presidente do Performance Sciences Institute, de Berkeley, Califórnia. Ele entrevistou centenas de profissionais da área de esportes e do mundo dos negócios, e pediu-lhes que descrevessem suas sensações. A seguir, ele compilou os relatórios em um trabalho bastante extenso.

A descrição que damos a seguir refere-se à sensação de alguém que recorre a técnicas de relaxamento e à prática de repetição usando visualização, para melhorar a vida:

"De repente, parece que tudo está dando certo. Não sinto necessidade de precisar fazer nada. Minhas ações desabrocham como se fossem um sonho agradável, mesmo que meu corpo esteja fazendo um grande esforço. Tudo acontece automaticamente, como se eu estivesse ligado a uma onda de rádio que dirige o meu sistema nervoso de forma que ele trabalhe em sincronismo com tudo o que se encontra ao meu redor. Sinto-me isolado de todas as distrações. O tempo desaparece, e mesmo que eu perceba a velocidade do que está acontecendo ao meu redor, sinto que tenho todo o tempo do mundo para reagir de forma positiva e adequada. Fico tão absorvido na ação, que nem me preocupo em estar ou não confiante.

Não se coloca a questão de preocupações a respeito do fracasso ou sensação de fadiga. Mesmo a sensação momentânea de medo parece servir a meu propósito, transformando-se rapidamente em forças positivas... Percebo melhor as cores, os sons, a presença das pessoas ao meu redor, a sensação de ser uma fonte de poder e energia, neste momento da vida. É um estado parecido com um transe, e me sinto... como se as barreiras habituais entre mim e o resto do mundo tivessem desaparecido, e eu e o mundo físico, com o qual interajo, fôssemos um elemento único. É uma sensação maravilhosa, revigorante, cheia de alegria, mais *verdadeira* do que a vida do dia-a-dia, e muito profunda."

Em seu livro, *Peak Performance, Mental Training Techniques of the World's Greatest Athletes* ("Desempenho máximo, as técnicas de treinamento mental dos melhores atletas"), Garfield diz:

"Sem dúvida, a mais importante contribuição para o avanço das técnicas de estabelecimento de objetivos nos últimos anos veio da adoção por parte dos soviéticos das técnicas de visualização. O uso dessa habilidade aumentou substancialmente a eficácia do relacionamento de objetivos, que até então era apenas um procedimento mecânico. A visualização, usada para o estabelecimento de objetivos, é um refinamento das técnicas de treinamento mental desenvolvidas pelos russos. Durante o treinamento mental, os atletas criam imagens mentais dos movimentos exatos que devem ter ao praticar o esporte. Os soviéticos descobriram que as imagens mentais funcionam como precursores do processo da geração de impulsos neuromusculares, que regulam e controlam o movimento físico. As imagens são holográficas (tridimensionais) e funcionam basicamente em nível subliminar. O mecanismo de criação de imagens holográficas permite à pessoa resolver rapidamente problemas espaciais, como, por exemplo, montar uma máquina complexa, criar a coreografia de uma dança ou repassar imagens mentais de jogadas. As imagens mentais funcionam como cópias tridimensionais para codificar a informação necessária para efetuar seqüências e percursos de movimento físico na atividade esportiva. No processo de estabelecimento de objetivos, *criam-se imagens mentais detalhadas de ações e objetivos* almejados — um fenômeno que ainda está em estudos. Segundo pesquisadores, aumentamos e aceleramos nosso processo de aprendizagem física ao combinarmos visualização mental e treinamento físico."

O dr. Garfield conta que:

"Em meus encontros com os pesquisadores soviéticos em Milão, eles discutiram os programas de atletismo organizados pelo governo, que integram um sofisticado treinamento mental e um rigoroso treinamento físico. Um estudo para avaliação desses programas intensivos indica seu potencial. Quatro grupos semelhantes de atletas soviéticos de nível internacional treinaram diligentemente durante muitas horas durante semanas. A disciplina de treinamento era a seguinte:

Grupo 1 — 100 por cento de treinamento físico
Grupo 2 — 75 por cento de treinamento físico e 25 por cento de treinamento mental
Grupo 3 — 50 por cento de treinamento físico e 50 por cento de treinamento mental
Grupo 4 — 25 por cento de treinamento físico e 75 por cento de treinamento mental

Quando os quatro grupos foram comparados pouco antes dos Jogos Olímpicos de Inverno, em Lake Placid, o grupo 4 mostrou uma melhoria significativamente maior do que o grupo 3, seguido dos grupos 2 e 1.
Resultados impressionantes, não acham?"

★

O dr. Michael Samuels, autor do livro *Seeing with the Mind's Eye: The History, Techniques, and Uses of Visualization* ("Vendo com o olho mental: história, técnicas e usos da visualização"), relaciona os usos médicos do efeito placebo. Esse fenômeno ocorre quando simples pílulas de açúcar ou outras substâncias não-farmacológicas são receitadas pelo médico ao paciente, com o objetivo de curar uma doença. Como o paciente acredita no ritual da receita e tem fé na medicina ocidental, a cura acontece com surpreendente regularidade. O dr. Samuels também usou água destilada para curar úlceras pépticas e tinta colorida para eliminar verrugas. Algumas experiências mostraram taxas de curas de 60, 70 e até mesmo 80 por cento, em casos de dores de cabeça, dores lombares e outras, mesmo sem nenhuma razão para que essas pílulas de açúcar produzissem as curas aparentes.

Podemos deduzir que, se uma grande porcentagem de pessoas consegue curar-se com um placebo, deve haver, profundamente arraigado dentro de nós, uma espécie de interruptor que podemos ligar para curar doenças. Até hoje, ninguém descobriu o que é e onde se encontra esse interruptor, embora os pesquisadores saibam que ele existe, e estão começando a descobrir seu sistema de funcionamento. Não é tão importante saber por que ele funciona, mas, sim, como ele funciona. Por exemplo, os cientistas ainda não sabem exatamente *por que* a eletricidade funciona. As teorias divergem. O importante é saber *como* ela funciona, possibilitando-nos sua utilização.

Francamente, não importa se tudo o que apresentamos até agora tenha sido provado cientificamente, descoberto por ganhadores de prêmio Nobel, ou não. A única coisa que realmente importa é saber: *isso funciona para mim?*. Após aprender os métodos fáceis de relaxamento e visualização apresentados neste livro, o importante é que o leitor verifique se sua qualidade de vida melhorou. Sente-se mais amoroso? Está mais relaxado e menos estressado? Sente-se mais alegre e se diverte mais em cada minuto de sua vida? Tem mais paciência e compreensão? Sente-se mais produtivo?

POR QUE A VISUALIZAÇÃO FUNCIONA

Uma das razões por que as visualizações em estados de relaxamento têm tal influência sobre nossas vidas é *porque o corpo não sabe a diferença entre o que é real e o que é imaginado*. Vamos refletir sobre isso um instante. O corpo aceita ambos como sendo real e reage de forma apropriada a eles. Os pesadelos constituem um bom exemplo. Se sonhamos que estamos sendo perseguidos por um tigre faminto, não faz diferença se há um tigre de verdade em nosso quarto ou se apenas o imaginamos. Nosso corpo vai reagir *como se* houvesse um tigre e começaremos a transpirar. O coração começa a bater mais rápido, os vasos sanguíneos se contrairão, a adrenalina e outros elementos bioquímicos entrarão na corrente sanguínea. O corpo manifestará todas as mudanças biofísicas que acompanham o verdadeiro medo, mesmo que não haja nenhum tigre no quarto.

Os sonhos sexuais são outro exemplo do que acabamos de dizer. Quer estejamos ou não com outra pessoa na cama, se sonharmos, imaginarmos ou fantasiarmos (todos eles, estados semelhantes de visualização), sentiremos todas as sensações de excitação sexual, podendo até atingir o orgasmo em nossos sonhos.

★

Tente imaginar um dia úmido e quente de verão, e quem sabe consiga ver-se chegando em casa e indo à cozinha para preparar um copo de limonada, e talvez consiga até ouvir o barulho dos cubos de gelo caindo no copo, o borbulhar da água. Em seguida, corte o limão ao meio e esprema-o no copo. Apenas a quantidade certa, e, antes de jogar fora, dê uma lambida no limão espremido...

★

Como está sua boca? Ela se contraiu, produziu saliva? A lembrança de seu prato predileto fará com que seu corpo secrete enzimas digestivas, mesmo que não haja comida por perto.

O dr. Karl Pribram é conhecido por suas descobertas sobre como a mente cria imagens, como ela influencia o pensamento e como o sistema neurológico é afetado por ela. Segundo ele, quando imaginamos algo com riqueza de detalhes sensoriais (aparência, sons, o que estamos sentindo naquele momento, o odor, o paladar), criamos um *padrão neurológico*, um conjunto de instruções para nossa mente e corpo. Em um certo sentido, o que imaginamos e sonhamos torna-se um princípio orientador de vida.

REPROGRAMANDO O BIOCOMPUTADOR

Antes de começarmos a dissertar sobre a reprogramação de antigas crenças e programas pessoais que nos impedem de ser o melhor, de atingir o máximo desempenho, digamos que todas as pessoas já sabem como fazer isso, mesmo que não consiga explicar como o faz. Trata-se de um instrumento natural da mente de cada indivíduo. Mesmo que ele não tenha nascido com um manual do usuário, a ferramenta está à sua disposição.

Ao nascermos, nosso biocomputador está disponível a programações. No caso da maioria das pessoas, a mãe foi a primeira pessoa a criar os programas para viver a vida, de acordo com suas informações e experiências. Talvez ela tenha programado, entre outras coisas, que os dentes deveriam ser escovados três vezes ao dia, que a parte de trás das orelhas deveria ser lavada, usar sempre roupa de baixo limpa para o caso de sofrer um acidente de carro e ter de ser levado ao hospital, nunca ter relações sexuais antes do casamento. Algumas vezes, no decorrer da adolescência, se não antes, a pessoa consciente ou inconscientemente começou a repassar programas holográficos recebidos da mãe, do pai, dos professores, dos amigos e parentes. Alguns dos programas implantados ou crenças foram mantidos, outros, descartados. A lembrança dos antigos programas ainda está na memória, mas sem o valor inicial atribuído ao comando. A imagem da mãe ainda pode estar presente, dizendo para não ultrapassar os limites de velocidade, mas isso não faz com que a pessoa lhe obedeça. Outras crenças ainda podem estar presentes, comandando e possuindo o indivíduo.

Mas agora ficou claro que temos a habilidade de programar e desprogramar qualquer uma das lembranças ou sistema de crenças, mesmo antes de saber como isso pode ser feito. Você pode se perguntar por que, já que ele possui essa capacidade, não o faz, mas isso é assunto para um outro livro.

Em primeiro lugar, para reprogramar ou ativar seus mais altos potenciais, é necessário colocar a mente em um estado de alfa-teta. Existem quatro ondas cerebrais conhecidas atualmente:

> **Delta** — zero a 4 ciclos por segundo (cps), a mais vagarosa, durante o sono profundo
> **Teta** — 4 a 8 cps, devaneio profundo, início do sono, mas ainda acordado
> **Alfa** — 8 a 13 cps, relaxado, porém acordado, olhos abertos ou fechados
> **Beta** — 13 a 26 cps, estado de vigília, raciocínio e ativo normal.

Apesar da nomenclatura científica, cada pessoa atravessa todos esses estágios, diariamente. Mesmo que expliquemos as técnicas para se entrar em cada um dos estágios, a pessoa já passa por isso, naturalmente, todos os dias. Por exemplo, quando nos preparamos para dormir à noite, sem estar totalmente adormecidos ou totalmente acordados, estamos no estado alfa-teta. Quando acordamos, de manhã, nem totalmente adormecidos, nem ainda totalmente despertos e fora da cama, estamos no estado alfa-teta. Sempre que nos pegamos "sonhando de olhos abertos" durante o dia, fantasiando ou fixando os olhos numa flor ou livro, estamos num estado de onda cerebral mágico, também chamado de estado hipnagógico.

O QUE É A AUTO-HIPNOSE?

Esse termo é derivado de *Hypnos*, o nome do deus grego do sono. A palavra *hipnose* é enganadora, pois tem menos a ver com o sono do que com o relaxamento e com os devaneios agradáveis.

Grande parte do crédito para tirar a hipnose da Idade Média e recolocá-la no seu nível deve-se ao dr. Milton Erickson, psiquiatra, um dos grandes responsáveis pelo novo reconhecimento por parte da American Medical Association/AMA (Associação Americana de Medicina) da hipnose como "um valioso acessório terapêutico".

Nos primórdios da medicina ocidental, antes do aparecimento da anestesia como hoje a conhecemos, a hipnose era usada em milhares de operações e, com exceção do álcool, era o único anestésico disponível. Ainda hoje, é usada como único anestésico em muitas operações. O dr. Alexander Levitan, um oncologista do Unity Medical Center, de Fridley, Minnesota, entre outros, "usou a hipnose em 21 cirurgias de grande porte. Remoção da vesícula biliar, uma cesariana, uma histerectomia e uma operação de quatro horas e meia de duração em que o paciente teve o osso do maxilar serrado. De todas elas, apenas duas tiveram de recorrer à anestesia habitual", segundo reportagem da revista *105 Magazine*.

Em um artigo público na revista *Esquire*, de janeiro de 1983, Thomas Morgan escreveu como aprendeu a usar a auto-hipnose para superar um bloqueio que o impedia de escrever. Morgan teve tanto sucesso que começou a pesquisar esse fantástico instrumento, que teve sua volta triunfal no decorrer da última década. Grande parte do interesse renovado pela auto-hipnose deve-se ao dr. John Grinder e Richard Bandler, criadores da programação neurolingüística, que popularizaram o trabalho de Milton Erickson, tornando esses instrumentos de autotransformação acessíveis para as pessoas comuns.

Morgan escreveu:

> "Como posso descrever a auto-hipnose? Não quero exagerar. De um ponto de vista, trata-se de um estado alterado de consciência temporário e auto-imposto, que pode tornar os recursos de nossa mente, corpo e personalidade mais receptivos às nossas necessidades. De outro ponto, a auto-hipnose é um fenômeno natural que nos possibilita seguir nossas próprias sugestões, ouvir nossos próprios conselhos e obedecer a nossas próprias ordens (não é isso o que todo mundo deseja?), da mesma maneira que uma pessoa hipnotizada em uma sessão individual responde à autoridade do hipnotizador profissional, durante e depois do transe. Na auto-hipnose, somos ao mesmo tempo hipnotizado

e hipnotizador... uma técnica que pode ser aprendida em poucos minutos pela maioria das pessoas e praticada pelo resto da vida... Imaginem só!... A auto-hipnose, meus amigos, é barata, saudável, indolor e útil e se propaga pelo espaço e tempo. Além do mais, provoca uma sensação extraordinária.

Na hipnose, a pessoa está acordada, mas concentrada em seu interior. Não se trata de um sonho acordado — seria mais exato falarmos em sonho de *trabalho*, uma espécie de superconsciência metódica que permite que nos concentremos profundamente, em algo que consideramos importante, sem rituais no início e conversa sem nexo no final, mantendo todo o processo *sob controle*.

A questão está toda aí. Psiquiatras descrevem a hipnose como um transe. Aceito a palavra, mas acho-a enganosa, pois descreve o fenômeno apenas do ponto de vista do observador. Para a maioria das pessoas, a palavra *transe* provavelmente sugere uma pessoa fora de si ou desligada da realidade, passiva, sem iniciativa — enquanto, dentro da cabeça *da pessoa*, ela está num estado profundo de percepção concentrada. A pessoa continua no mundo real resolvendo um problema concreto. Tudo está sob controle.

Em geral, a palavra *transe* não descreve esse senso de orientação. Ela sugere que a pessoa tem *menos* controle de sua própria experiência, quando talvez ocorra até o contrário e ela tenha maior controle. Acredito que a hipnose possa ligar o inconsciente aos problemas. E se, ainda durante o transe, ou logo depois, a pessoa descobrir novas idéias, novas combinações de velhas idéias, pensamentos inesperados, ou simplesmente um pouco mais de coragem para ir adiante, ela saberá que a hipnose deu certo.''

A melhor definição de auto-hipnose que conseguimos criar é que se trata de uma interrupção agradável e repousante do ritmo normalmente febril do nosso dia-a-dia, para canalizarmos os aspectos curativos e criativos da atenção para a solução de problemas, antes de voltarmos às nossas atividades cotidianas — revigorados, reabastecidos e renovados. De certa forma, é como tomar um banho de bem-aventurança.

TÉCNICAS DE RELAXAMENTO E AUTO-HIPNOSE

O primeiro passo da auto-hipnose holográfica é aprender a relaxar mente e corpo, tornando-os receptivos aos hologramas e visualizações que decidimos usar. A seguir, indicamos algumas técnicas de fácil emprego. É interessante experimentá-las todas, escolher a que melhor se adapta ao seu caso e praticá-la três vezes por dia, durante uma ou duas semanas. Você saberá quando poderá entrar no estado de alfa, beta ou devaneio. Sugerimos que uma das três vezes seja à noite, antes de adormecer, pois isso ajudará a reforçar a técnica. As outras duas poderão ser feitas no meio da manhã e da tarde, servindo como revigorante. O que importa não é a duração do treinamento, mas a freqüência com que ele é feito. Cinco a sete minutos por sessão é suficiente, embora muitas pessoas prefiram dedicar mais tempo à prática.

Só é preciso treinar até conseguir atingir o estado de auto-hipnose, sob qualquer estado estressante, o que normalmente acontece após duas semanas. Depois disso, como ocorre quando aprendemos a andar de bicicleta, nunca mais esqueceremos a técnica.

Depois de aprender a técnica, utilize as visualizações e harmonizações astrológicas, seja usando o material exposto neste livro, seja usando fitas de áudio gravadas. Pode-se também pedir a um amigo ou parente que leia as visualizações e harmonizações aqui descritas em estado de relaxamento, com o pensamento voltado para um local agradável, como uma praia. É importante lembrar que o corpo não sabe a diferença entre o que é real, ou imaginário, de forma que, se você visualizar que está numa praia, após alguns minutos, o sistema neurológico começará a reagir como se estivesse realmente lá. De certa forma, é como se você tirasse umas rápidas férias. Boa viagem! Divirta-se!

TÉCNICAS BÁSICAS DE RELAXAMENTO E VISUALIZAÇÃO

TOMAR UM BANHO QUENTE. Banhos quentes rápidos relaxam e melhoram a circulação sanguínea. Feche a porta e desligue-se do mundo. Avise as pessoas para não incomodá-lo por pelo menos 30 minutos. Leve para o banheiro um gravador, para ouvir as fitas de "Mudando seu destino", escreva cartas ou o seu diário.* Se quiser, compre uma prateleira que se adapte à banheira, onde poderá colocar livros, velas, papéis de cartas, etc.

RELAXAMENTO PROGRESSIVO. Este método foi desenvolvido pelo dr. Edmund Jacobson, médico americano, cujas pesquisas na área de fisiologia muscular e relaxamento deram-lhe fama mundial e estabeleceram as bases para outras técnicas de psicoterapia, técnicas de parto natural e novos métodos de tratamento de doenças relacionadas à pressão alta.

---

* Mary Orser e Richard A. Zarro, juntamente com os músicos dr. Karl Hans Berger e Vinnie Martucci, produziram uma série especial de fitas de videocassete para ativar o potencial de recursos pessoais. Para maiores informações a respeito das fitas "Mudando seu destino", e outras tecnologias da Futureshaping, seminários, palestras e cursos, escrever para Futureshaping Technologies Incorporated, Post Office Box 489, Woodstock, NY 12498.

Métodos similares já eram praticados há anos na ioga e outras atividades. A técnica básica é a seguinte:

Sente-se numa cadeira confortável ou deite-se na cama ou sofá. Tome providências para não ser incomodado. Você irá progressivamente relaxar-se e retesar todo o corpo, começando pelos pés e seguindo pelo corpo, através dos músculos principais. Inspire profundamente, expire e retese levemente os músculos dos pés (não em excesso, pois os pés e os músculos da barriga da perna têm tendência a cãibras), contando até três. Repita três vezes, e com os pés relaxados, passe para os músculos da barriga da perna. Retese e relaxe três vezes, relaxando inteiramente na terceira vez os músculos da barriga da perna. Em seguida, retesando e relaxando em grupos de três, suba para as coxas, depois os músculos do estômago. Retese as mãos e braços três vezes cada e relaxe; em seguida, os músculos dos braços e das coxas, passando para a área do pescoço e dos ombros. Depois, retese os músculos do rosto e do pescoço, como se estivesse fazendo caretas. Essa parte da técnica de relaxamento progressivo muitas vezes aparece em revistas femininas e masculinas, para manter o rosto jovem e livre de rugas. Existe um exercício parecido na ioga, para o rosto e o pescoço, chamado o Urro do Leão, por razões óbvias.

Agora, chegamos à última parte do corpo, os olhos. Pode-se começar tanto com os olhos abertos ou fechados. Retese e relaxe três vezes cada, e, na última vez, deixe os olhos completamente relaxados. Nesse ponto, o corpo inteiro deverá estar relaxado, e você poderá colocar uma fita de visualização, ou pedir a alguém em voz pausada e melódica, ou passar para as outras técnicas de visualização, descritas a seguir.

A TÉCNICA DA RESPIRAÇÃO. Sente-se ou deite-se num lugar seguro e confortável e tome providências para não ser incomodado. Ao se sentar, desabotoe as roupas apertadas. Feche os olhos e concentre-se em inspirar pelo nariz e expirar pela boca. Sinta o ar entrando pelas narinas e saindo através dos lábios. Ouça o som, sinta o ritmo. Inspire vagarosa e profundamente, faça uma pausa e expire vagarosa e completamente, deixando o estômago levantar e abaixar, enquanto respira. Em poucos minutos, você se sentirá mais calmo, confortável e relaxado, e a respiração ficará mais lenta e uniforme.

A TÉCNICA DA FIXAÇÃO DE UM PONTO. Sentado ou inclinado para a frente, escolha um ponto à sua frente e olhe-o fixamente, enquanto pisca doze vezes. Depois, ao fechar os olhos, as pálpebras estarão relaxadas e cansadas. Essa sensação de relaxamento se espalhará pelo corpo todo, em ondas agradáveis.

IMAGENS MENTAIS DE RELAXAMENTO. Esta talvez seja a técnica mais fácil. Ela faz efeito porque você já se condicionou anteriormente ao relaxamento. Essa técnica consiste em ficar numa posição confortável, lembrando-se de um momento de sua vida em que se sentia seguro, calmo e relaxado. Ao pensar nessa cena, usando todos os seus sentidos, lembrando-se da cena, os sons, os cheiros, seu corpo ficará *automaticamente* relaxado. Isso é chamado de *reação condicionada*. Pode-se usar qualquer coisa que se tenha sentido, lido ou visto no cinema ou na televisão, e até de fotos de revistas. Você pode imaginar que está sentada perto de um riacho, num dia de outono, observando uma folha que começa a cair, lentamente, pairando no ar.

TÉCNICA SIMPLES DE RESPIRAÇÃO. Ao começar a respirar lenta e profundamente, veja-se liberando a tensão e o *stress*, que podem ser visualizados como uma cor que seja negativa para você. Em seguida, inspire a calma e a paz, vendo o ar inspirado na cor que lhe representa relaxamento e cura. A cor favorita é um bom começo.

Outra maneira de se fazer esse exercício consiste em, ao respirar fácil e naturalmente, repetir uma palavra a cada expiração. Muitas pessoas gostam de usar a palavra *um*, pois não contém elementos de distração. Outras palavras são *calma, paz, amor* e *luz*. Se surgirem outros pensamentos, visualize-os como bolhas que se movem rapidamente formando uma corrente, da esquerda para a direita, e desapareçam de seu campo de visão, e volte à palavra escolhida.

CAINDO DE PÁRA-QUEDAS NO PARAÍSO
Várias técnicas de aprofundamento e criação de um santuário interno ou sala de visualização

Depois de atingir o estado de relaxamento, chamado *alfa*, coloque a fita de visualização ou volte à reprogramação.

Talvez você deseje atingir estados ainda mais profundos de relaxamento, e usar uma sala de projeção para as visualizações. A seguir, mostraremos algumas técnicas para aprofundar o estado de relaxamento. A mais comum é a técnica do elevador. Após atingir o primeiro nível de relaxamento, pode-se aprofundá-lo imaginando-se em pé, em frente a um elevador. As portas se abrem. Você entra, a porta se fecha, e você observa os números dos andares acendendo no alto do elevador, à medida que o elevador desce. Você vê o número 10 se acender. Sinta o elevador levando-o a níveis cada vez mais profundos de conforto. Você vê o número 9 se acender. Você está ainda mais profundamente relaxado. Veja o número 8 se acender. Ainda mais profundamente relaxado. Agora o 7. Em seguida o 6. Ainda mais profundo. 5... 4... 3... 2... 1. Você se sente ainda mais relaxado e confortável, e sua mente está mais aberta e receptiva.

Antes de passar à próxima etapa, mostraremos várias outras opções, se a imagem do elevador não o atrair. Algumas pessoas preferem usar escadas, contando de dez a um, como na técnica do elevador. Você também pode se ver *descendo de pára-quedas no paraíso*, flutuando e contando de dez a um, até pousar suavemente no chão.

Incentivamos as pessoas a criar suas próprias técnicas ou imagens. Elas ficam mais fortes, se personalizadas. Nenhuma das sugestões anteriores funcionou no caso de uma cliente nossa. Assim, sugerimos que ela criasse uma para si mesma. Após várias tentativas, ela desenvolveu uma técnica de se ver rolando de um monte pouco íngreme, através de um buraco mágico do chão. Não importa *por que* aquela imagem funcionou no caso dela, desde que ela tenha atingido o resultado desejado.

O próximo passo, após aprofundar o nível de relaxamento, é criar uma espécie de sala, santuário interno ou laboratório particular. Só será necessário fazer isso uma única vez, e a partir daí, ao usar a técnica de aprofundamento, você se encontrará automaticamente em seu lugar especial. Existem muitas definições dessa sala interior: *sala de seminário particular, ponto de poder, lugar seguro* ou *olho do furacão*. Pouco importa o nome, ou o local. Algumas pessoas preferem imaginar esse lugar num espaço aberto, como uma praia ou uma cachoeira.

É necessário apenas que você vá a esse lugar de vez em quando e que nele exista uma tela onde possa assistir à visualização, ou um palco, onde possa ver a encenação da visualização. A única condição indispensável é que seja um lugar calmo, confortável, estável e seguro.

MODELE SEU FUTURO CRIANDO UM FILME

Agora, você está pronto para visualizar na tela branca ou no palco. A técnica básica é criar um filme para si mesmo. Você é a estrela! Você é o diretor e o produtor! *O ponto básico é ser ver como se já tivesse atingido o estado desejado, tendo conseguido aquilo que quer.* Ao fazer o filme, preste atenção a todos os detalhes, colocando uma rica gama de informações sensoriais. Veja, ouça e sinta-se saudável, atraente, esbelto, autoconfiante, bem-sucedido, na apresentação do seu trabalho, na palestra que tem de fazer, no jantar importante... Não é preciso saber *como* seu objetivo será alcançado, apenas veja-se já bem-sucedido.

Quando a cena estiver ao seu gosto, coloque outras pessoas em cena (como numa festa de comemoração de sua promoção, com seus amigos), e comece a vê-la na tela ou no palco. Você deverá assistir à cena três vezes. As duas primeiras, apenas como espectador. Na terceira e última, você estará *participando*, não apenas vendo-se participar. Preste sempre atenção à maneira como está se movimentando, ao tom da voz, e à sensação de já ter conseguido aquilo que deseja.

Depois, reverta a técnica de aprofundamento. Comece a contar de um a dez, dizendo-se que ao chegar ao número 10, seus olhos vão se abrir, e em alguns minutos você se sentirá reanimado, reabastecido e rejuvenescido, como se tivesse feito uma sesta de três horas. O uso das técnicas de relaxamento para eliminar o cansaço é uma das primeiras aplicações da Futureshaping Technologies (TM) ensinadas a executivos nos cursos de combate a *stress*. Você ficará surpreso com os resultados.

Talvez você esteja se perguntando por que deve primeiro ver-se a si mesmo, para no final se associar à cena. Pesquisadores descobriram que estar associado tem um impacto mais forte no sistema neurológico do indivíduo. Por exemplo, os psicólogos Georgia Nigro e Ülric Neisser, de Cornell, reproduziram e expandiram as experiências de pesquisa feita sobre os lances livres de basquete, realizadas pelo dr. Richardson. Eles queriam descobrir as visualizações mais poderosas. Organizaram três grupos de jogadores de dardos. O grupo A não deveria treinar. O grupo B visualizar-se como se estivesse realmente jogando os dardos, vendo-se através dos seus próprios olhos. O grupo C, ver-se num filme de cinema ou vídeo jogar os dardos. Os resultados dos grupos B e C melhoraram, enquanto os do grupo A continuaram estáveis. A surpresa maior foi que o grupo B mostrou um progresso duas vezes maior do que o grupo C.

O mais importante é entender que não existe nenhuma "maneira certa" de se relaxar o corpo. Ele já sabe como fazê-lo. Apenas deixe acontecer. Não há uma maneira "correta" de se sentir, enquanto o relaxamento está acontecendo. As pessoas sentem uma variedade de sensações, de formigamento, de mobilidade, de irradiação e pulsação, de calor, de resfriamento, de peso ou leveza nos braços e pernas. Confie em si e *divirta-se* experimentando as diversas técnicas. O prazer, a sensação de rejuvenescimento e de relaxamento serão bem maiores, se você conseguir fazer algo que lhe dê prazer.

RESUMO

1. O relaxamento e a visualização são habilidades natas de todos nós, que usamos todos os dias, quer estejamos ou não conscientes delas. Essa combinação já foi chamada de visualização criativa, devaneio, meditação, auto-hipnose, treinamento autogênico, relaxamento progressivo e oração.

2. O uso da criação auto-induzida de imagens e visualizações pode modificar quase instantaneamente as células do corpo.

3. As visualizações dos movimentos ou os ensaios mentais de situações, sem a prática física, podem ser quase tão eficazes quanto a ação real.

4. Experiências com placebos provam que *você* tem o poder de se curar, em muitas ocasiões.

5. A razão por que a visualização dá certo é que o corpo não sabe a diferença entre o que é real e o que é imaginário.

6. Aja como se algo já fosse real, e, mais cedo ou mais tarde, ele se tornará real.

7. As visualizações criam um *padrão neurológico*, uma espécie de programa de instruções a serem seguidas pelo corpo.

8. Você já sabe como programar e desprogramar seus sistemas de crenças e padrões comportamentais.

9. Um corpo relaxado leva a uma mente relaxada. Uma mente relaxada leva a um corpo relaxado.

10. Você é responsável pela criação de um lugar só seu no universo, um lugar seguro e sereno que está dentro de você e que nunca poderá lhe ser roubado.

11. Para tornar real um acontecimento ou mudança que queira fazer em sua vida, crie e veja um filme de si mesmo, já com o objetivo alcançado, com prazer. Seja, faça, pense, sinta, vista-se, ande, fale, movimente-se e gesticule como se o que deseja já tivesse acontecido, e a realidade externa irá, mais cedo ou mais tarde, copiar a sua experiência interna.

CAPÍTULO 5

O zodíaco da transformação

★

Os doze signos do Zodíaco delineiam doze "linhas" diferentes da vida... Cada signo tem sua própria forma de expressão, tanto num sentido maior quanto menor, e as opções a serem escolhidas e a forma de usá-las dependerão apenas dela própria.
KAREN HAMAKER-ZONDAG. *Astro-Psychology*.

★

A roda de doze raios gira em torno dos Céus.
RIG VEDA (a mais antiga coleção de versos sagrados hindus).

★

Os signos do Zodíaco identificam-se com... hierarquias celestiais dos Arquitetos Cósmicos. Essas hierarquias constituem coletivamente a Mente Universal, a energia criativa operadora do macrocosmo. O Zodíaco como um todo é uma imensa lente cósmica que focaliza sobre a Terra os poderes conjuntos das hierarquias, fazendo da Terra como um todo, ou do Homem-no-todo, um microcosmo.
DANE RUDHYAR. *The Astrology of Personality*.

★

A noite está iluminada de maneira especial. Você olha para o leste, onde um dos signos do Zodíaco está nascendo, e observa o caminho suspenso dos planetas, onde ele desaparece no horizonte ocidental.

Do seu lugar no centro dos céus, você visualiza os doze raios da roda do Zodíaco, observando como eles dividem os territórios dos doze signos como se fossem pedaços de torta, todos apontando em sua direção. Em qualquer momento, metade deles está no céu e metade abaixo da linha do horizonte, escondidos mas pressentidos através do corpo da Mãe Terra. Você sente a energia de cada signo, à medida que ele aparece no leste, atinge o ponto culminante e se põe no oeste. Nas profundezas de sua memória, você segue o ritmo dessa imensa roda em movimento — um ciclo que acontece uma vez a cada dia de sua vida.

★

Os céus estão repletos de ciclos. A rotação da Terra marca o ciclo dos nossos dias. Nossa Lua assinala os meses, à medida que ela gira em torno da Terra, e a revolução da Terra ao redor do Sol assinala nossos anos. Os ciclos são cada vez mais longos, incluindo muitos que vão além do período da vida humana.

Um ponto importante para a transformação dos padrões cósmicos é a compreensão dos ciclos.

Como já vimos, os ritmos das plantas, dos animais e dos seres humanos acompanham os ciclos cósmicos. Existem mudanças mensuráveis nos nossos ritmos biológicos e mudanças observáveis em nossas reações psicológicas em momentos diferentes do dia, mês e ano. Nossas reações a ciclos mais longos também podem ser observadas, à medida que nossa vida atravessa uma sucessão de fases.

A tradição astrológica divide o ciclo em doze fases — os signos zodiacais. A partir da Terra — o nosso ponto de vista —, o Sol, a Lua e os planetas viajam através desse "aro dos céus", cada um segundo seu próprio ritmo. O Sol completa o ciclo anualmente, estando no território celeste de cada signo do Zodíaco todos os anos, na mesma época. Através dos séculos, um grupo de tradição dedicou-se a identificar as características de cada um dos signos zodiacais, e a especificidade de cada pessoa nascida com o Sol naquele signo.[1]

A Lua e os planetas, movendo-se em seu próprio ritmo, podem visitar os signos do Zodíaco em momentos diferentes dos do Sol, mas, mesmo quando eles visitam o setor de Áries no meio do inverno, estão expressando à sua maneira o *novo começo*, a energia característica do início da primavera com a visita anual do Sol, a partir de 20 ou 21 de março até o dia 20 de abril.[2]

A Lua leva dois dias e meio para passar por cada signo — e no extremo oposto da escala do tempo, Plutão, o mais distante e, portanto, o mais lento dos planetas conhecidos, leva de 12 a 31 anos em cada signo.[3] Embora os detalhes das descrições dos signos tenham mudado através dos séculos, alguns temas arquetípicos básicos permaneceram constantes. Esses temas parecem fazer parte do inconsciente coletivo. Cada pessoa traz dentro de si as características do Zodíaco completo e pode expressar os temas de qualquer um dos signos. Mas certos signos de cada horóscopo estão mais profundamente gravados — como os signos onde se encontravam o Sol e a Lua, e o signo do horizonte oriental (ascendente) no momento do nascimento.

Astrólogos observaram que a reflexão dos signos zodiacais, enfatizada no momento do nascimento, acontece quer a pessoa conheça conscientemente ou não as tradições associadas a esses signos específicos. Isso vai de encontro à teoria segundo a qual os signos são campos mórficos. Na verdade, as características típicas de um signo profundamente marcado também podem ser observados no horóscopo dos animais, e alguns criadores reproduzem a procriação de algumas características zodiacais, da mesma maneira que tentam conseguir algumas características genéticas.

Não há signo zodiacal que seja intrinsecamente bom ou mau. Entretanto, como foi ilustrado em relação a Áries, cada um tem características que podem ir a qualquer direção — ativos, caso sejam usados corretamente; passivos, em caso contrário.

Todos nós já demonstramos características negativas de certos signos: a impulsividade de Áries, o senso crítico de Virgem, o devaneio de Peixes...

Todos nós também já demonstramos as manifestações positivas de certos signos: a energia de Áries que faz com que as coisas aconteçam, o caráter metódico de Virgem que faz com que algo seja feito de maneira quase perfeita, os devaneios de Peixes, cujos belos sonhos encontram expressão no dia-a-dia.

Podemos considerar essas características como *hábitos dos campos mórficos dos arquétipos zodiacais*. Isso nos lembra a declaração de Sheldrake de que "todos os organismos... estão continuamente se recriando sob a influência de seus próprios estados passados". Parece que isso inclui tanto nossos hábitos pessoais de expressão das características astrológicas como os hábitos da cultura em que vivemos.

Em outras palavras, nesse fluxo de ida e volta, *a pessoa não só expressa vários hábitos do campo arquetípico como contribui para a modificação do campo, adicionando energia a algumas de suas expressões, em detrimento de outras.*

Ensinaremos a entrar em contato com as expressões positivas de cada signo. E, como já dissemos antes, mesmo que alguns signos possam ter uma importância especial em seu horóscopo, cada um de nós traz a estampa de todo o Zodíaco. Assim, temos à nossa disposição padrões de energia que podem equilibrar qualquer desequilíbrio da nossa expressão astrológica.

Talvez você já conheça seu signo solar, e após ter lido a parte a ele referente, ficará grato por ter nascido naquele momento. As seções sobre seu signo lunar e o ascendente vão ajudá-lo também a entrar em contato com esses aspectos de sua natureza.

É possível conhecer os signos zodiacais da mesma forma que se conhecem diferentes países, cada um deles com seu próprio espírito, cultura, língua e interesses. As páginas seguintes se referem às expressões positivas e compensadoras do Zodíaco.

Os arquétipos astrológicos, como qualquer outro arquétipo, podem ser vivenciados mais profundamente *se entrarmos em contato com seus temas mitológicos*. Cada um de nós é escalado como ator em uma versão ou outra da história — na verdade, parece que contribuímos para a criação de nossos enredos particulares. No mundo inteiro, as pessoas entram em contato com suas consciências arquetípicas através das artes, da música, da dança e da personificação dos mitos: rituais em que as pessoas fazem o papel dos seres míticos. Nas disciplinas espirituais, a consciência é purificada através da visualização — e identificação — do arquétipo, não apenas como um ser completo, como também nas suas características: personalidade, aparência, maneira de andar, vestimenta, temas da vida de um ser mítico. Somente quando nossos seres míticos ressoam com as mais puras expressões dos temas arquetípicos é que podemos fazer mudanças positivas na maneira como os arquétipos se manifestam.

Todos os temas arquetípicos puros são belos — o que nos causa repulsa é a incrustação dos hábitos negativos de expressão desses temas, tanto em termos culturais quanto em individuais.

A seguir, mostramos algumas maneiras de abordar o reino de cada um dos signos. Essas maneiras podem abrir o caminho para atingir o seu coração, sentindo os ritmos, temas e símbolos de sua energia, suas cores e sons, pedras, animais e lugares, seus mitos recorrentes.

As expressões positivas das energias do signo podem ser aumentadas das seguintes formas: usar roupas ou olhar objetos das cores do signo que nos agradem. Usar ou carregar pedras preciosas. Comer com prazer alimentos associados ao signo. Ter um *poster* de um lugar que você gostaria de visitar.

Para ajudar a usar a chave mítica, indicaremos para cada signo as *visualizações* e *harmonizações*.

A *primeira visualização*, a mais curta, vai conectá-lo com as expressões de energia daquela fase específica do ciclo de crescimento simbolizado por cada um dos signos.

A *segunda visualização* conta uma história que o transporta para o papel de uma pessoa que está expressando as energias do seu signo — incorporando uma versão do mito-chave. Essa visualização leva à *harmonização* e é expressada na primeira pessoa, identificando o seu *Eu* com o *Eu arquetípico*. A harmonização pode ser considerada uma *invocação* do arquétipo.

Talvez você não se veja no cenário específico criado para os signos zodiacais. Você pode até entender que o caráter principal está expressando temas do signo, sem que se trate de um papel com o qual você possa se identificar. Nesse caso, mude os detalhes que quiser. Por exemplo, algumas de suas visualizações usam imagens de alta tecnologia. Talvez o seu Eu mítico não se sinta ligado à alta tecnologia. Você pode mudar o cenário, o século, as personagens, o enredo da história — mas mantenha os temas básicos.

No início, pode parecer mais fácil manter a percepção mítica se não tivermos que prestar atenção aos detalhes. Depois de entrar mais claramente em contato com o arquétipo, o seu Eu mítico, ou o Eu dos sonhos, vai contar suas histórias mais detalhadamente, desde o puro monomito até o acontecimento mais específico de sua própria vida.

Para atingir esse estado interno, talvez seja conveniente liberar sua consciência, usando uma fita cassete ou pedindo a alguém que leia em voz alta a história de visualização e harmonização, após ter atingido um estado receptivo (descrito nos capítulos 3 e 4). Para reforçar o efeito, você imagina um filme da história, em que você desempenha o papel principal (ver capítulo 4).

É importante que você trabalhe de uma maneira que se sinta bem. Concentre-se nos atributos e expressões do signo com o qual você tem afinidade. Você encontrará no apêndice as palavras-chave dos signos, para ajudá-lo a entender as energias de cada um deles.

Em seu horóscopo, alguns signos são enfatizados de certa maneira. Mas você se senta no centro da roda relacionada a todos os signos, e, portanto, pode beneficiar-se ao se harmonizar com o campo mítico de cada um deles. Quem sabe, você pode começar com:

★ *os sinais mais enfatizados* em seu horóscopo, começando na ordem que preferir, no seu próprio ritmo;
★ *seu signo solar*, e a partir daí continuar a seqüência do Zodíaco;
★ *no início do ciclo de crescimento* (Capricórnio);
★ *início da manifestação externa do ciclo* (Áries).

As visualizações que apresentamos são muito eficientes para conectá-lo com a energia do signo. Além disso, no apêndice há uma lista das palavras-chave de cada signo do Zodíaco. As palavras foram cuidadosamente escolhidas para ajudá-lo a entender as características do signo. Também fornecemos as palavras-chave para os outros fatores astrológicos principais — os planetas, aspectos, e casas, e como juntar essas palavras para descrever o potencial de suas características astrológicas.

Mais uma coisa — é importante *deixar de atribuir energia às disfunções dos signos zodiacais*. Em vez disso, mude o assunto, visualizando uma característica positiva daquela energia em particular.

O estímulo e o prazer de seus atos abrirão as portas de sua imaginação para atingir os níveis do seu ser onde as verdadeiras mudanças podem ser realizadas. Aproveite bem sua jornada!

★

VISUALIZAÇÕES PARA ÁRIES

AVANÇANDO SOBRE TERRENO NOVO. Nas profundezas de seu coração pulsam o calor e o rico poder da semente plenamente despertada. Suas raízes são profundas e fortes, infiltrando-se na Mãe Terra de maneira forte e penetrante. Seus brotos pressionam para cima, empurrando o teimoso solo pesado, labutando e impelindo com persistência para cima, como um poder impetuoso penetrando, rompendo o solo, enviando suas hastes verde-esperança para cima do subsolo em direção ao calor e à luz do vigoroso sol.

★

PRIMEIRO DESEMBARQUE EM MARTE. O estímulo toma seu corpo com um formigamento quase imperceptível e chega à sua cabeça com uma formidável euforia — você vê Marte, o ardente planeta vermelho, pela primeira vez. Ele flutua como um rubi num mar de diamantes contra a cortina azul-escuro do espaço profundo. Você se dirige à tripulação e dá ordens para o desembarque da nave espacial.

Você relaxa um pouco, olhando Marte atrás da tela de recepção. Foi uma longa e dura jornada, mas você gostou da experiência de ser um pioneiro, um sobrevivente. Você será o primeiro a desembarcar, pois deseja ser o primeiro a colocar o pé na poeira vermelha do deserto marciano.

Você teve outras aventuras em outros lugares, mas esta especialmente lhe dá uma carga de energia elétrica, como um sonho que se tornou realidade.

Enquanto se dirige aos homens e mulheres da sua tripulação, um zelo febril toma conta de seu coração e de seu espírito. Você está confiante, assertivo e inspirado. Tudo está pronto para um novo começo.

A porta da nave espacial se abre, e você é o primeiro a sair. Você e sua tripulação verificam as roupas e os instrumentos. O céu é laranja e escarlate com estranhas faixas de lavanda e púrpura. Do lado leste, há uma caverna. Não há sinais da vida encontrada na Terra. Tudo é seco e estéril. Entretanto, há um brilho vermelho proveniente do interior da caverna, por trás da sombra. O que se encontra no interior é desconhecido, e você mal pode esperar para chegar lá. Alguns membros da tripulação estão preocupados em se afastarem muito da nave, mas, com algumas palavras inspiradas suas, ficam mais confiantes.

Ao se aproximar da caverna, você observa que embaixo dos seus pés a areia está cheia de diamantes espalhados, e a força do vento invisível aumenta.

Você se dirige diretamente à entrada da caverna, deixando a tripulação para trás, e chega a uma barreira, translúcida e levemente iridescente. Como sempre, você consegue passar, enfiando primeiro a cabeça.

Do interior da caverna, você tranqüiliza a tripulação e começa a olhar em volta. Para sua completa surpresa, seus instrumentos indicam que o ar é respirável. Cuidadosamente, e corajosamente, você tira o capacete. O ar está cheio de uma mistura de aromas especiais, penetrantes e picantes. Aos seus pés encontram-se flores que parecem papoulas, anêmonas e margaridas. Outras parecem gerânios. Elas são vermelho-vivo, douradas e cor de laranja.

Continuando em frente, a estreita caverna abre-se em um tipo de vale secreto. A luz é ainda mais vermelha e parece vir de uma montanha diretamente à sua frente. À medida que se aproxima dela, você ouve um estranho zumbido, que aumenta de volume.

Você se comunica com a tripulação através do rádio e informa que vai investigar. Enquanto caminha, você ouve um ruído e olha para baixo: no lugar de areia há pedrinhas e um tipo de pedregulho. Você recolhe uma amostra. As pedras parecem rubis, granadas, cornalinas, fragmentos de aço e pedaços de ferro.

Ao chegar ao topo, você se pergunta o que o estará aguardando do outro lado da montanha. É a coisa mais impressionante que você já viu. Você nem sabe para onde olhar. Há uma pesada bruma azul na frente das ruínas de um templo antigo. Você está fascinado e delirante. Há algo familiar nesse lugar, mas você não sabe identificá-lo.

As colunas de material semelhante ao aço se sobressaem na bruma, e no meio delas há uma enorme cabeça, talvez de um antigo deus ou deusa, ou talvez uma cabeça de carneiro. Há um estranho fogo ao redor da base da estátua, e do alto da cabeça desce um líquido, talvez água, que se mistura às chamas e cria uma bruma.

Ao chegar mais perto, divisam-se algumas letras, cobertas com o que parece ser musgo. Você percebe que as chamas não causam dano ao musgo, nem a você. Não acha estranho como as chamas abrem-se à sua passagem? Cuidadosamente, você estende a mão e afasta o que parece ser musgo. As letras são estranhas, mas, olhando-as com muita atenção, você identifica as letras A-M-M-O-N. Talvez o nome de algum antigo rei ou rainha?

E, de algum lugar, uma voz se dirige a você, ou talvez seja apenas sua imaginação...

   Nasci sob o signo de Áries.
   Aceito todo o seu poder, seu potencial e seus dons.
   Sou o pioneiro do Zodíaco.

Aceito minha energia e vitalidade
em iniciar novas ações
para o meu aperfeiçoamento e em meu benefício
ou dos outros
qualquer que seja o caminho
que eu ache mais apropriado.
A chave para contatar os meus recursos profundos
é a aceitação cada vez maior de mim mesmo,
de quem sou agora
e do que desejo me tornar.
Posso ver, ouvir e sentir-me em ação,
dia após dia, mês após mês,
indo constantemente em direção à perfeição
dos meus talentos,
integrando profundamente todos os meus aspectos,
confiando em mim mesmo,
refinando o que já consegui
realizar através do
uso contínuo dos meus dons especiais.
Aceito plenamente minha habilidade em tomar a iniciativa
e me abrir para a vida,
aceitando-a com esperança e coragem.
Aceito plenamente minha capacidade de decisão, sabendo
que minhas decisões podem ser
uma compreensão intuitiva da situação total.
Aceito plenamente minha energia elétrica,
física, emocional e mentalmente;
dirijo minhas energias
para os canais que são
melhores para mim e para os outros.
Tenho a força e a energia
para superar obstáculos e tornar reais os meus sonhos.
Jogo sementes em solo fértil,
que outros poderão facilmente cultivar.
Estou ansioso por realizar
objetivos dignos para mim e os outros.
Sou como um broto que germina
plantado na primavera.
Estou sempre pronto a partir para desafios
novos e ousados.
Aceito e crio de maneira eficaz
novas e melhores formas de realização.
Sou desbravador de novos caminhos
e investigo antes de saltar.
Tiro vantagem das oportunidades dignas
e minha capacidade de observação é aguçada;

Tenho bom discernimento.
Expresso-me de maneira franca, mas com delicadeza.
Tenho capacidade de iniciar projetos
e levá-los adiante, até o final, ou
ao ponto em que outros possam finalizá-los.
Posso fazer muitas coisas, estando em harmonia
e expressando eficazmente
minhas correntes de energia.
Quando surge a necessidade de novos começos,
sou chamado, escolhido.
E minha intuição pode me indicar a direção certa.
Vou em frente,
sou criativo e vital, corajoso e generoso.
Posso realizar
aquilo que já tenho em essência:
uma nova vida de esperança.
Eu me amo e confio em mim,
amo minha vida com determinação e entusiasmo,
fazendo a coisa certa, com alegria.
Posso mudar o meu destino
Agora! Agora!
Agora tomo a decisão
de modelar meu futuro
numa dança equilibrada
entre o conforto e o desafio.

★

VISUALIZAÇÕES PARA TOURO

A PLANTA CRIA RAÍZES. Você está em terreno novo. Está cheio de energia — inesperada, forte e centralizada. No íntimo, você sente o poder do Sol permeando seu ser, ajudando-o a crescer em direção ao céu iluminado. Você pode observar algo maravilhoso. Ao sair da terra, suas raízes penetram cada vez mais. Quanto mais profundo você vai, mais alto fica, forte, espalhando-se sobre a terra.

★

A ILHA MÁGICA. Você está numa ilha mágica, uma ilha verdadeiramente mágica. A noite é avançada e, se não fosse a bruma pesada e misteriosa que envolve a praia, você conseguiria ver a lua cheia, atrás das nuvens vaporosas. Na verdade, a Lua entra e sai da bruma. A praia é etérea, sobrenatural.

Enquanto anda pela praia, você sente a areia molhada sob os pés e o vento quente, tropical, contra a pele. O ar está repleto dos aromas da maresia. Os sons das ondas subindo e descendo embalam-no num ritmo relaxante, como sua respiração e seu rastro na areia. Você se sente feliz e contente enquanto anda, talvez mais do que jamais se sentiu antes. Você chega a uma fantástica enseada, toda iluminada pelos raios azuis da Lua: o vapor e a bruma estão na superfície da água, e as ondas se movem com delicadeza — elas se estendem sobre a areia, como uma delicada carícia no ombro da pessoa amada.

Você se senta sob uma palmeira, numa rocha lisa, e fica ouvindo o som delicado de ondas e os pássaros noturnos da floresta que cantam. E fica pensando que nunca ouviu um som tão celestial, nem se sentiu tão relaxado.

E a coisa mais extraordinária começa a acontecer. Tudo cresce silenciosamente. No início, você se pergunta se tudo o que está sentindo é real. Você está, sim! O solo e a praia estão tremendo como gelatina.

Você olha para o meio da baía, e a água começa a se mexer. Algo está se movendo nas profundezas, bem abaixo da superfície. Inesperadamente, o objeto mais estranho que jamais viu em toda a vida surge lentamente da água.

Como espadas mágicas, dois chifres gotejantes riscam a superfície, levantando-se, até que um disco dourado levanta-se como o Sol, suspenso entre os chifres maciços de um velho touro branco. Molhado, o touro sobe e desce lentamente das profundezas, com seus músculos maciços e vibrantes molhados contra o luar. As gotas de água são como diamantes que caem na praia nebulosa. Os olhos penetrantes do touro olham diretamente para você, que fica hipnotizado diante dele, com um sentimento inesperado de contentamento, como se estivesse recebendo as bênçãos de um touro branco divino.

Enquanto ele se move na areia, você observa que seus cascos de ouro tocam o solo, sem deixar marcas. Ele está na Terra, sem estar. Agora, ele fica imóvel como se esperasse por alguém, ou algo maravilhoso, ainda por acontecer. Algo mágico...

Lentamente, a cabeça do divino touro branco vira-se para a direita no momento exato. Você segue seu olhar até o final da praia, onde começa a floresta. É difícil enxergar através da densa bruma. E você começa a se perguntar se perdeu alguma coisa — no momento em que a percebe.

Lá, no começo da floresta, vindo em direção à praia, está a mais linda mulher que você já viu, com um incrível brilho nos olhos, no colar de esmeralda, nos braceletes de jade e no vestido flutuante de extraordinária cor e graça. É a impressionante Mãe Terra, chamada Gaia pelos gregos antigos. Ela caminha lentamente com encantadora elegância e poder clemente. Atrás dela, uma procissão de donzelas portando candelabros e cantando uma antiga e secreta mensagem de amor e poder. O touro branco observa-a, hipnotizado, enquanto ela vai em sua direção. Ela estende a mão, e no momento em que seus longos dedos elegantes tocam o centro do disco solar entre os dois chifres, uma voz possante começa a dizer...

Nasci sob o signo de Touro
Aceito todo o seu poder, o seu potencial e seus dons.
Sou o colono do Zodíaco;
Uso a estabilidade e a persistência
em meu benefício e dos outros,
na atividade que eu achar
apropriada.
A chave para contatar meus recursos profundos,
é uma maior capacidade de auto-aceitação,
do que sou agora e o que quero vir a ser.
Posso ver, ouvir e me sentir,
dia a dia, mês a mês,
dirigindo-me à perfeição dos meus talentos,
e à integração de todos os meus aspectos,
confiando em mim,
usando sempre meus dons especiais.
Aceito plenamente a constante manifestação da minha energia,
o refinamento daquilo que já fiz,
com concentração e pensamento aguçado,
persistência e paciência.
Aceito plenamente minha habilidade em construir
fundações sólidas
e administrar bem minhas imensas capacidades.
Aceito meu bom senso.
Aceito o valor que dou à qualidade.
Aceito minha habilidade de alimentar e cultivar.
Aceito minha capacidade
de enfrentar oposições
com a flexibilidade necessária.
Aceito meu ritmo calmo,
minha capacidade de trabalhar bastante e depois me relaxar.
Aceito minha habilidade de admirar a beleza
e apreciar as bênçãos do conforto.
Aprecio meu senso de proporção
e meu senso de humor.
Sou cuidadoso, objetivo e determinado.
Sou protetor, sensível e compreensivo.
Sou sereno, calmo e afetuoso.
Sou prático e produtivo.
Sou determinado
naquilo em que devo ser.
Sou um amigo fiel.
Posso manifestar alegria profunda e calma.
Uma alegria muito profunda e calma.
Sou uma influência estável para os outros.

Aprecio a tranqüilidade e o contato com a natureza.
Posso manifestar uma grande vitalidade.
Sou perseverante em circunstâncias adversas.
Sou contemplativo
e fiel a meus objetivos espirituais.
Após pesar os prós e os contras, tomo boas decisões.
Meus pés estão no chão
e aprecio as coisas simples da vida.
Posso dar forma a idéias.
Posso manifestar o poder da persistência suave.
Crio raízes,
alimento o crescimento vigoroso.
Volto quando meus esforços dão frutos
e retenho e conservo o que é digno.
Sou paciente e cuidadoso.
Eu me amo e confio em mim
para viver minha vida
fazendo o que é certo,
firmemente,
eficientemente,
e em paz.
É o meu destino.
Agora! Agora!
Agora escolho
planejar o meu futuro
em uma dança equilibrada
entre o conforto e o desafio.

★

VISUALIZAÇÕES PARA GÊMEOS

O NOVO PLANETA DIVERSIFICA. Agora que você estabeleceu seu crescimento embaixo e acima do solo, pode começar a expandir e diversificar.

Você fica maior, e novas folhas germinam, possibilitando-lhe receber mais luz solar para facilitar a fotossíntese e tornar-se mais vigoroso. Você se torna mais grosso, maior e mais profundo.

Muito mais profundo. Seguindo a lei de *assim na terra como no céu* sua base fica mais forte. Isso mesmo, você se alimenta através de todas as suas raízes, da terra úmida, e a distribui para suas folhas, que juntam o alimento à energia solar, possibilitando a fotossíntese, para alimentar seu crescente potencial e nova e poderosa atitude.

Toda nova parte contribui atualmente para a criação de um todo novo e poderoso...

O ENTREVISTADO DO PROGRAMA DE TELEVISÃO. Você está sentado no seu escritório, na estação de televisão. Você é um jornalista entrevistador, e o programa que apresenta tem um fantástico índice de audiência. Você ama seu trabalho. Todos os dias é uma nova aventura, e você é muito bom no que faz, graças ao seu extraordinário poder de comunicação. Você é uma pessoa versátil, inovadora, enérgica e original. Sem dúvida, você é especial. Como lutou muito para chegar onde está, não deixa ninguém atrapalhá-lo. Seguindo seus sonhos, você venceu todos os obstáculos e dúvidas. Sua cabeça e seus ombros estão retos, seus passos demonstram força e seu sorriso é orgulhoso, pois acredita em si mesmo.

Você está com a lista de possíveis convidados para o seu programa. Entre eles, um exótico colecionador de borboletas, um autor polêmico, um dinâmico palestrante que ensina técnicas hipnóticas de comunicação para vendedores, um infame colunista social, um lingüista que está trabalhando com golfinhos, dois irmãos gêmeos gênios e um curandeiro contador de histórias. Você abre o relatório sobre o curandeiro e começa a ler uma de suas histórias mágicas:

"Um dia, um guerreiro marujo chamado Naoa estava viajando com o vento forte a seu favor, quando um monstro levantou-se das águas. Era um marisco gigante, tão largo, que o navio ficou entre as duas conchas do monstro. Quando ele estava prestes a fechar as conchas e esmagar os marinheiros, Naoa agiu rapidamente. Tomando sua lança, ele a enfiou profundamente no centro do corpo do monstro, matando-o e mandando-o de volta às profundezas do mar.

Logo depois, um outro monstro saiu do mar e ameaçou a Naoa e sua tripulação. Um enorme polvo envolveu com seus tentáculos o navio e começava a destruí-lo, quando novamente o bravo Naoa agiu. Tomando sua lança, enfiou-a no coração do monstro, mandando-o, morto, de volta às profundezas do mar.

Mas um perigo muito maior os esperava adiante. Surgiu uma baleia gigante. Ela abriu as enormes mandíbulas, uma embaixo do navio, outra em cima, prestes a engolir a todos, quando Naoa, o matador de monstros, pulou com incrível rapidez. Quebrando sua lança em dois pedaços, no momento em que a baleia ia fechar a bocarra, colocou os dois pedaços de lança na garganta do monstro, impedindo-o de engolir o navio.

Corajosamente, ele pulou na boca da baleia e desceu até o seu estômago, onde, para sua grande alegria, encontrou o pai e a mãe, que se haviam perdido no mar...".

★

Você olha as horas e percebe que é hora de telefonar para marcar a entrevista com os gêmeos gênios, para o programa da próxima semana. No momento em que vai pegar o telefone, o produtor do programa o chama à sala de controle. Todos os monitores mostram várias imagens, e os técnicos estão ocupados, apertando botões e falando ao microfone. Você aprecia a energia elétrica e a atmosfera de alta tecnologia da sala.

O produtor pede-lhe que se sente diante de um monitor apagado e lhe passa os fones. E diz: "Veja e ouça isso. É sobre o signo de Gêmeos. Talvez dê uma boa matéria para um programa...".

Nasci sob o signo de Gêmeos.
Aceito todo o seu poder, seu potencial e seus dons.
Sou os olhos gêmeos da percepção.
Enxergo ambos os lados.
Formulo eficientemente com mente rápida e
bom humor,
a minha intuição perceptiva,
e tudo o que me é necessário
para minha evolução e a dos outros.
Estou no lugar certo, na hora exata.
Encontro a palavra exata em qualquer situação.
Aprendo rápido,
analiso novas idéias,
comunico-me facilmente e ensino aos outros
novas soluções para antigos problemas.
Sou o mensageiro permanente.
Dia a dia, mês a mês,
cada vez mais pessoas acham-me charmoso e espirituoso,
esperto e versátil,
desembaraçado e capaz de
me adaptar a qualquer situação,
com sagacidade e rapidez impressionantes.
Meus pensamentos são claros como o diamante,
sem sombras ou brumas.
Posso ser frio emocionalmente, se o desejar.
Tenho grande poder de atenção e de flexibilidade
e posso mudar a direção da minha atenção
segundo as necessidades do momento.
Sou conhecido como as *Duas Estrelas*.
Tenho sabedoria e persistência,
força e destreza.
O maior dom oferecido pelo meu signo é a bênção de uma vida
cheia de charme.
Minha vida é cheia de charme.
Tenho razão:
minha mente está na direção correta,

meu coração está certo,
mesmo quando e enquanto decido mudar de opinião.
A vida me estimula!
Sou abençoado,
Eu ajo. E reajo. Crio interação.
Eu uno, aceito compromissos, e energizo.
Atravesso confusões
e unifico instintos básicos com a essência divina;
o que está acima está embaixo.
Posso unir os Céus e a Terra.
Confio em mim, na minha mente e no meu coração.
Posso me esquecer de mim e servir os outros.
Posso me esquecer e receber Deus.
Consigo servir aos outros.
Sou a Testemunha.
Sou o Contador de Histórias.
Sou o Jornalista.
Sou o Professor.
Eu percebo.
Vejo a percepção pura
e ambos os lados.
Sou aberto e
receptivo a tudo.
Sou a luz na escuridão.
Sou a noite na claridade.
Sou o Arquimago.
Sou o Patrono dos Mágicos.
Sou o Prestidigitador Cósmico que brinca com as sombras.
E posso modificá-las ao meu bel-prazer
e posso mudar o meu destino.
Agora! Agora!
Agora escolho
planejar o meu futuro
numa dança equilibrada
entre o conforto e o desafio.

★

VISUALIZAÇÕES PARA CÂNCER

ALIMENTANDO A SEMENTE. Suas raízes, profundamente introduzidas na terra, aproveitando os recursos da umidade e dos minerais, fornecendo a base para o seu próximo estágio de crescimento — alimentar as sementes.

À medida que os dias começaram a encurtar, sua energia aumentou. As folhas estão cheias, e você começa a produzir frutos e sementes.

Agora, todo o seu ser está voltando para alimentar a semente em crescimento — o futuro.

Todos os potenciais estão condensados e compactados no criador da nova vida. Você é o protetor e o criador de um novo começo. Você nasceu com a sensibilidade necessária para assentar a base do crescimento físico, emocional e espiritual. Você cria a atmosfera protetora na qual o processo criativo pode acontecer. Você é o construtor da semente...

★

O PALÁCIO MÁGICO DA LUA, SOB O MAR. Você está parado sob os penhascos, observando a crista das ondas, sob a luz mágica da lua cheia. O céu está enfeitado de estrelas e a morna brisa salgada acaricia seu rosto enquanto você espera a meia-noite, quando será levado ao palácio secreto da lua, sob o mar. Você tem uma sensação excitante no corpo, pois vai voltar ao seu lar e rever seus amigos, sua família, e o indescritível esplendor do palácio lunar.

Não é preciso esperar mais. Logo, à distância, você vê, através da espuma branca, as nadadeiras dorsais dos golfinhos sagrados que vêm buscá-lo. A cerca de 50 metros da praia, eles saltam no ar, saudando-o. Há muito tempo você não se sentia assim. Os golfinhos chegam perto da praia, fazendo muito barulho. Você segura suas nadadeiras, e eles o levam.

Os golfinhos nadam ao largo, seguindo a trilha da lua, refletida na água, e levam-no para baixo, para as profundezas do oceano, em direção ao palácio invisível, cada vez mais profundo. À medida que você desce, sua respiração se torna mais solta, mais relaxada, mesmo debaixo da água. É uma alegre volta ao lar. Quanto mais você desce, mais azul se torna a água. Os peixes iridescentes nadam ao seu redor, de todos os tamanhos e formas, com todas as cores do arco-íris.

Sentindo-se mais seguro, aquecido e confortável do que quando estava na praia, você vê uma enorme montanha de cristal. Dentro da montanha está o palácio mágico da lua, invisível àqueles que não foram escolhidos para enxergar seu esplendor opulento.

As encostas da montanha submersa parecem pinças gigantes de um caranguejo. Quanto mais perto você chega, mais excitados ficam os golfinhos. Você se lembra de que, nos tempos antigos, o secreto e sagrado palácio lunar era o local da entrada celestial por onde as almas dos Céus desciam nos corpos humanos para compartilhar a vida na Terra, levando adiante suas lições de vida.

Os golfinhos deixam-no no luminoso Portão prateado do Palácio Lunar. Os Guardas ao Portão, um Leão e um Veado, ambos com cauda de peixe, dão-lhe as boas-vindas e a permissão para entrar no palácio tremeluzente e aperolado.

Ao caminhar pelo famoso labirinto do amor, com seu piso em opala e as luzes de cristal, você observa as paredes translúcidas, por onde se vêem todos os seres marinhos, que o seguem à medida que você avança. Finalmente, você chega à sala de espera da Deusa Lunar do Mar. Alguns seres e outras criaturas exóticas do mar, desta e de outras dimensões, também estão presentes para encontrar a renovação e a educação instintiva que apenas a Deusa pode dar.

Como acontece com todas as coisas, sua hora finalmente chega, e você adentra sua sala particular. O esplendor opulento do templo em forma de concha da Deusa é inimaginável. Olhando ao seu redor, você fica deslumbrado com as cascatas e as piscinas com escadas de pérolas, onde ficam os peixes sagrados. O perfume das flores viçosas permeia cada célula do seu ser — as flores silvestres, as madressilvas, as rosas brancas, os nenúfares azuis e as viçosas orquídeas gotejantes de orvalho, faiscando como diamantes sob a encantadora luz de cristal.

Ao olhar para cima, você vê a Deusa sorrindo em sua direção, e imediatamente uma deliciosa sensação começa a invadir seu corpo. Ela se senta em um trono iridescente esculpido em uma esmeralda gigante e cravejada de opalas, pérolas, exóticas conchas de cor pastel e pedras azul-esbranquiçadas. Ela se levanta e desce os degraus em sua direção, com os braços abertos, e ao abraçá-la algo curioso acontece. Uma voz que parece vir de lugar nenhum e de todos os lugares diz...

> Nasci sob o signo de Câncer.
> Aceito todos os poderes, potenciais e dons,
> pois sou a estrela num mar de estrelas,
> sou a água e a lua,
> sou o porto, o porto seguro, do universo.
> Minhas profundas e poderosas emoções
> tornam-me o Provedor Universal,
> de forma que tudo o que é novo possa crescer
> seguro e amado, bem compreendido e estimado.
> Sou o Incubador, o útero do novo.
> Mantenho o grande sonho vivo
> através de solidariedade e paciência.
> Sou paciente, o Mestre das Correntes das emoções e humores.
> Através da minha incrível capacidade de concentrar o poder e atenção,
> navego com facilidade pelas marés e fluxos das atmosferas emocionais.
> Induzo e dou nova vida a partir das profundas cavernas da consciência
> em direção à luz brilhante e poder do Sol.
> Dou nascimento à nova vida nas espirais superiores da existência.

Ascendo e o Sol brilha em mim,
porque eu, sobre tudo e abaixo de tudo,
alimento o presente momento e o protejo,
abrigando-o para ser estimado mais tarde.
Sou emocionalmente corajoso, sedutor, forte e persistente.
Cuido e compartilho, e as pessoas confiam e dependem de mim.
Faço-as sentirem-se seguras, necessitadas e protegidas.
Mantenho unida a família do homem.
Sou a unidade.
Compreendo todas as condições humanas.
Governo com uma carinhosa simpatia leal
a massa de consciência pública do planeta.
Meu amor é tão intenso por todos os homens e mulheres que supero
e enfrento todos os desafios.
Sou corajoso e sinto
que tenho mais energia do que preciso
e posso mudar meu ritmo à vontade.
Apesar de respeitar a tradição,
meu calmo poder pode tornar novo tudo o que é
velho.
Sou próspero, autoconfiante, astuto, frugal e
metódico.
Alimento e estimo meu destino.
Posso mudar o meu destino.
Agora! Agora!
Agora escolho planejar o meu futuro
numa dança equilibrada
entre o conforto e o desafio.

★

VISUALIZAÇÕES PARA LEÃO

O ESPLENDOR DA BELEZA. Suas raízes são fortes e profundas, alimentando-se da terra, fortalecendo os talos, galhos, folhas e sementes.
    Toda a energia do sol está sendo aspirada pelas folhas, que tornam essa energia utilizável. Esse é o objetivo principal de cada planta — dar frutos e fazer com que o fruto amadureça, amadurecendo suas sementes. Esse é o melhor momento do seu ciclo de crescimento — você irradia sua beleza, entregando à vida o dom do seu alimento e o seu lugar na sinfonia da vida vegetal da Terra. Você entrega suas flores e alimentos a todos...

★

O REINO DO SOL. Tudo está pronto para sua chegada. Todos os súditos do seu reino se preparam há anos para esse momento. Você é o centro do universo deles, e é importante que eles lhe mostrem o quanto você é importante. Os grandes preparativos foram feitos com muito amor e respeito. Não se fez economia para tornar essa comemoração a maior já realizada no planeta.

Todos os templos e castelos, todas as capitais e cidades estão limpos e brilhantes. Tudo está florido com calêndulas, margaridas, flores de laranjeira, heliotrópios, papoulas e zínias. Todos os tesouros foram retirados dos museus e dos cofres secretos, preparados para a sua visita.

Sob o seu governo sábio e clemente, o povo floresceu com prosperidade em todas as áreas: física, emocional e espiritual. O povo sabe que você é o coração do corpo planetário, o núcleo de todas as células, o eixo da roda da vida, o ponto central de todos os sistemas terrestres. Você é o poder central, o Sol que dá força vital a tudo. Tudo gira adequadamente em torno de você.

Sua força e vontade equiparam-se à sua coragem e inteligência. Você tem a habilidade ímpar de eliminar o medo, as dúvidas e a tristeza das pessoas.

Enquanto seus súditos fazem os preparativos finais para sua descida do céu, no Templo do Sol, centenas de milhares de pessoas se encontram nas ruas e pátios que rodeiam o edifício sagrado.

Elas trazem alimentos, produtos e pedras preciosas, como diamantes, rubis, topázios e sardônias, deixando-os na entrada do Templo do Sol, aonde você logo estará chegando.

Ouvem-se os tambores e outros instrumentos marcando a procissão dos sumos sacerdotes, diplomatas, reis, rainhas, presidentes e outros dignitários, que passa lenta e cerimoniosamente entre a multidão. Todos estão usando os uniformes e as cores dos seus vários países e estações. Bandeiras, cartazes, trombetas e sinos, cantos e coros litúrgicos — tudo contribui para o que pode ser chamado o maior *show* já realizado na Terra. Um mundo unido, próspero e pacífico celebra os muitos anos de sua era dourada de governo.

Pouco antes de você começar seu discurso, inspirando seus súditos a ainda maiores façanhas, um mensageiro real entrega-lhe um telegrama especial. Ao colocar seu traje amarelo, laranja e dourado, para a cerimônia, a oração é lida para você...

> Nasci sob o signo de Leão.
> Aceito plenamente o grande poder, os potenciais e presentes reais.
> Sou o monarca do universo,
> Sou o coração do coração,
> Sou o coração dos corações.
> Sou o coração da energia criativa.

O princípio de esplendor cósmico é meu, para irradiar
sobre todos
glória, riquezas e poder.
Sou o Dragão Flamejante
da paixão e emoção que libertam
o conteúdo e o potencial
do inconsciente, a procura pela
pedra mágica.
Sou o leão corajoso
que não teme o ferro, o bronze ou a pedra.
A partir da energia do meu ser centrado e determinado,
torno-me líder.
Sou o Sol em torno do qual tudo gira.
Eu encanto! Trago luz para a vida,
levanto o espírito dos mortos,
das profundezas das trevas.
Através da minha luz brilhante
dissolvo as dúvidas,
afasto o medo, elimino tristezas.
Sou dinâmico! Eu inspiro! Eu consigo!
Sou o Fogo do Coração,
o centro ardente do esplendor e da alegria!
Tenho uma imensa reserva de energia,
um potencial ilimitado,
e aproveito essas forças,
através do uso adequado da autodisciplina.
Forjo o meu destino e inspiro as pessoas ao meu redor,
com força e confiança que iluminam tudo.
Tenho nobreza de coração e alma.
Posso ver o essencial da questão e tornar tudo um todo.
Governo a partir do meu ser profundo, o divino poder do monarca
e do ser profundo dos outros
para fortalecer a força vital.
Sou vivaz e corajoso.
Torno completa a regeneração,
transformando o meu poderoso amor
em compaixão divina.
Sou o verdadeiro líder porque sou o servo de todos.
Sou o essencial da questão.
Meu poder advém do meu amor pela vida,
um amor impressionante por seu brilho,
temperado apenas pela compaixão e boa vontade.
Sou o maior de todos os guerreiros da alma.
Minha grande capacidade de amar une o espírito, a mente
e o corpo
através das minhas ações e do amor.

Crio o reconhecimento que outros têm por mim.
Eu mereço, pois conquistei
e abri o meu caminho nas trevas
com a impetuosidade e fúria.
Eu gosto dos jubilosos serviços que presto ao mundo.
É este o meu destino.
Agora! Agora!
Agora escolho
planejar o meu futuro
numa dança equilibrada
entre o conforto e o desafio.

★

VISUALIZAÇÕES PARA VIRGEM

TEMPO DE COLHEITA. **A plenitude está completa. Seu talo é forte, suas folhas estão abertas, as flores se abriram e foram impregnadas pelas abelhas e pelo vento. A semente formou o futuro. As raízes cumpriram sua função. É tempo de colheita, pois os frutos estão maduros. O momento de alimentar a fome do mundo chegou.**

★

NO CENTRO DO UNIVERSO. **Você está se dirigindo para a sua nova função no planeta Deum 1. Você ainda se lembra dos últimos dias passados no seu planeta natal. Agora, você se lembra de suas casas pequenas e simples, feitas de troncos de árvores que você mesmo cortou e talhou. Você escolheu conscientemente viver uma vida primitiva, simples e casta, após todos os anos de serviços árduos prestados à Central Cósmica. Você cortou madeira para se aquecer, carregou água do riacho, e colheu grãos nos campos, frutas no pomar, e salsa, aneto, orégão e manjerona. Você se lembra das centenas de flores silvestres que enfeitavam o caminho, sobretudo os lírios, os narcisos, as resedás e as lavandas.**

Você se despediu de seus amigos mais próximos, dos animais de estimação, da biblioteca e da choupana na floresta. A brilhante nave espacial da Federação Intergaláctica pousou no campo de trigo a alguns metros de sua casa para levá-lo à sua próxima missão, em Deum 1.

Não foi uma longa viagem à velocidade do pensamento. Você observou a nave se aproximar do pequeno planeta azul-cobalto e ficou impressionado com o simples globo que está exatamente no centro do universo. Este é o planeta Central Cósmica, o Coração do Universo. Da Central Cósmica chegam os impulsos que dão vida e morte a todas as estrelas, que formam as galáxias e os cachos de estrela e que regulam seu movimento, mesmo o das pequenas estrelas e planetas. É um planeta

primoroso, pequeno, exatamente no meio do universo. Como não possui sol, está sempre no crepúsculo, sob a pálida luz azul das maiores estrelas e cometas quase sempre presentes.

Ao chegar a Deum 1, você fica mais impressionado. Sua consciência passa de um estado para outro. Nesse estado de pura percepção, você ouve um zumbido que parece incluir todos os sons do universo, e enxerga uma luz que inclui todas as luzes. Você sente um amor que engloba todos os amores.

Em um estado de consciência, você percebe o planeta como um ser cósmico. Em outro, você enxerga um vasto conselho de seres sentados em meditação.

Agora, você concentra sua consciência no Computador Holoscópico Cósmico, pois foi para isso que veio a Deum 1. Você está empolgado e orgulhoso com a promoção que recebeu. Apenas os seres nascidos sob o signo de Virgem podem programar o Computador Holoscópico Cósmico. Mas não qualquer pessoa de Virgem. Todos os candidatos ao serviço do Deus Ex Machina, "A Máquina de Deus", são examinados pelo Conselho Cósmico, em uma série de entrevistas especiais, e você aprendeu exatamente o que esperavam de você, até os mínimos detalhes. Você passou com mérito. Que honra receber a incumbência de programar o Holoscópio Cósmico, que controla a velocidade, a rotação e as órbitas de todos os planetas, galáxias e superestrelas do universo. Você se encaminha ao compromisso marcado nos escritórios da Central Cósmica.

No final do encontro, você marca uma entrevista com o seu conselheiro espiritual, mas, antes do encontro, dizem-lhe para ir ao Templo de Cristal a fim de se purificar.

Trata-se de um dos mais famosos templos do universo, graças ao seu tipo especial de construção. As colunas, os pisos, as paredes, os arcos, as varandas, os degraus são de cristal translúcido. Você é levado a uma sala onde há uma grande piscina redonda e um chuveiro. Tudo está pronto, esperando por você — sabonetes de várias qualidades, toalhas, objetos de toalete, e até frutas e bebidas, caso você sinta vontade de comer ou beber.

Enquanto está sob o chuveiro de água cristalina, você fica impressionado com a natureza tilintante e cintilante da água, e começa a sentir a purificação em seu corpo. A tensão, as preocupações, as dúvidas parecem dissolver-se e desaparecer. Você perde a noção do tempo em que ficou sob a água, mas ao sair sente-se renovado. Nunca se sentira tão limpo assim antes e está pronto para qualquer desafio.

Ao colocar as roupas brancas e limpas, um guia chega para levá-lo pelos corredores majestosos, até onde se encontra seu conselheiro espiritual. O guia abre a porta de cristal e lhe diz para entrar, ficar à vontade, e que alguém virá logo em seguida. Você se senta em almofadas confortáveis, perto da varanda, onde pode sentir a brisa delicada contra o rosto. Nesse estado calmo, relaxado, de meditação, começa a ouvir uma delicada voz dentro de você, enquanto a música toca ao longe...

Nasci sob o signo de Virgem.
Aceito todos os seus poderes, potenciais e dons.
Sou o Mágico do Universo.
Aceito os poderes curativos e mágicos
que tenho e usarei
em meu benefício
para ajudar outras pessoas, espiritual e materialmente,
naquilo que eu escolher
como sendo adequado e fascinante.
A chave para contatar meus profundos recursos
é uma maior
aceitação de mim mesmo,
do que sou agora,
e de quem quero ser.
Posso me ver, me ouvir e me sentir
dia após dia, mês após mês,
indo em direção à perfeição dos meus talentos,
a integração dos meus aspectos
confiando neles
e no refinamento
daquilo que já realizei
pelo uso adequado dos meus dons especiais:
aceito plenamente a habilidade
e vontade de ajudar
os meus amigos, família ou outras pessoas,
quer seja em nível da comunidade ou objetivos globais.
Aceito minha percepção aguçada
e mente inquisidora.
Aceito plenamente minha grande versatilidade
e flexibilidade.
Aceito plenamente minha imensa energia
e fantástica memória.
Aceito a minha capacidade de observar detalhes,
e de transformar partes em um todo expressivo.
Aceito minha capacidade de escolher,
de distinguir, de discernir,
de deixar de lado as mil e uma preocupações da vida,
de evitar solidariedades excusas,
concentrando-me no essencial da vida e
de ser sabiamente apaixonado.
Sou confiável.
Sou preciso.
Sou meticuloso, ainda que prático.
Sou trabalhador e autodisciplinado.
Com grande facilidade, refino, suavizo e dirijo

minhas inesgotáveis energias,
expressando o meu discernimento e sabedoria
com coragem, autoconfiança e força,
meu poder com delicadeza e adequação,
minha invencibilidade com proteção.
Aceito minha incrível capacidade de auto-sacrifício
e meus dons intuitivos que estão profundamente ancorados
na minha solidariedade instintiva para com os outros seres.
O nascimento de Virgem deverá
eliminar a Grande Ilusão da Vida.
Aceito plena e graciosamente os meus incríveis poderes
de renovar e purificar a mim e aos outros
através dos desafios e mudanças da vida.
Aceito todos os pontos de vista enquanto permito à minha
mente consciente
e à minha mente inconsciente
escolher o que é natural e honesto,
discernindo o falso do verdadeiro,
o essencial do supérfluo,
entendendo imediatamente todas as situações.
Entendo e aceito que
devo me amar
e confiar em mim e nas minhas percepções.
Entendo o conceito de que
"aqueles que são os melhores dentre vós — deverão
servir aos outros",
porque celebro o espírito através do serviço.
É o meu destino.
Agora! Agora!
Agora escolho
planejar o meu futuro
numa dança equilibrada
entre o conforto e o desafio.

★

VISUALIZAÇÕES DE LIBRA

A PLANTA ATINGE SEU EQUILÍBRIO. Você floresceu sob o Sol, consolidando suas raízes, tornando suas flores esplendorosas e amadurecendo a semente. A semente amadurecida caiu no solo. Agora, a luz do Sol e a escuridão da noite estão em perfeito equilíbrio, tudo chegou ao ponto de harmonia completa.

★

SUPREMO TRIBUNAL DA FEDERAÇÃO INTERGALÁCTICA. A paz e a harmonia reinam nos 472 planetas que compõem a Federação Intergaláctica de Arcturus há mais de 2 mil anos. Esse é um grande passo, considerando-se as inúmeras guerras interplanetárias que marcaram os primeiros anos da federação. Muito do crédito deve ser dado a você, um dos sábios juízes da longa linhagem do lendário Supremo Tribunal do Planeta Tula.

Esse famoso planeta é a sede de todos os supremos tribunais da federação. Trata-se de um pequeno planeta cuja população é formada de funcionários do Tribunal e suas famílias. O planeta Tula também é conhecido como o planeta dos ocasos dos sóis, pois um de seus pequenos sóis está sempre se pondo, enquanto o outro está sempre nascendo no horizonte. A luz é equilibrada e o pequeno planeta Tula é como um farol na escuridão do espaço, uma lanterna no mar de estrelas. Todos os comandantes de todas as naves, todos os contrabandistas espaciais, todos os comandantes da aeronáutica mercante conhecem a estrela das estrelas — a estrela da Justiça, onde todos os seres de todas as galáxias conhecidas podem encontrar a verdade, a harmonia e o equilíbrio.

Os edifícios e as ruas são elegantes e brilhantes. O ar é quente, úmido e doce. Altas colunas polidas de cobre e mármore branco se erguem, uma após outra, como uma grande procissão de gigantes ou a base da balança celestial. Os degraus brancos e negros que levam às grandes portas da Justiça são ladeados de lírios, rosas e violetas. A mistura de cores, o perfume e a música acalmam os desesperados que vêm em busca de paz e equilíbrio diante da Suprema Corte, da qual você é o presidente.

Você ama seu trabalho. É uma longa tradição familiar. Sua avó e seu pai foram famosos juízes do Supremo Tribunal da Federação. Alguns dizem que você consegue ser melhor do que eles e será o mais famoso de todos os juízes porque foi abençoado com uma mente extraordinariamente perspicaz e equilibrada, o que possibilita que caminhe sobre o fio da navalha da justiça.

Você está prestes a sair de casa para ir às salas de audiência, para receber as dezenas de pessoas que o esperam para encontrar sua compaixão, sua sabedoria e sua opinião sobre inúmeros assuntos. Ao passar pelo seu escritório, você pára e olha os retratos de família pendurados na parede. Você fica parado diante do retrato de seu pai e se lembra de um poema que ele leu em voz alta pouco antes de você entrar na Faculdade de Direito. O poema incentivou-o a agarrar seu destino e controlar a criação do seu futuro...

> Nasci sob o signo de Libra.
> Aceito plenamente seu poder, potencial e dons.
> Seguro a Balança Celestial
> em minhas mãos.
> Sou o Juiz Cósmico.

Sou o artista e o amante,
Pacificador dos Céus.
Aceito meus encantos e poderes curativos
que uso
em benefício de mim mesmo
para poder servir aos outros
em tudo o que for apropriado.
Sou a fonte da consciência do "Nós", no Universo.
Uno as pessoas na harmonia e na paz.
Sou o pacificador do mundo.
O harmonizador de corações,
conserto os sonhos perdidos do sonhador.
Meu encanto poderoso magnetiza e hipnotiza,
influenciando diversos elementos em uma união, harmonia
e equilíbrio.
Encanto e acalmo, transformando o ódio em amor,
a confusão em ordem,
a disparidade em paridade,
o egoísmo em doação e partilha,
o caos em calma,
a intolerância em tolerância,
a impaciência em paciência,
a desarmonia em harmonia.
Sou o artista das finas artes das relações humanas
porque sei
que é apenas através do amor
e apenas através da coesão
que se atinge a união plena.
Canto que somos o mundo;
quando tudo estiver dito e feito, *seremos* um!
Sou a calmaria que conquista os grandes ventos e as
tempestades.
Sou o centro do Ciclone.
Sou o Olho do Furacão onde existem a paz e a
tranqüilidade natural
porque sou o Purificador da Consciência.
Sou a Força Coesa da Vida.
Mantenho o Mundo unido
com paz de coração e serenidade.
Aglutino sem limitar;
meu amor é íntimo e seguro,
desinteressado e clemente,
respeitando profundamente a individualidade de cada um
e a minha própria.
O cubo, os raios e o aro,

todos são necessários para construir a roda,
para girar na estrada da vida.
Sou o Cubo Eterno, o Centro da Balança.
Eu integro, associo.
Minha capacidade de compreender com cordialidade,
ter compaixão com dignidade,
honestidade e tato
enriquece-me
e a toda a vida que toco,
tornando os relacionamentos saudáveis,
construtivos e inspiradores.
Mantenho o mundo girando em sua unidade;
equilibro as balanças do ser pessoal
através da concentração e do esforço constante,
com autodisciplina delicada e adequada,
equilíbrio e moderação,
e meu agudo senso de equilíbrio estético.
Sou a Ligação, o Contato.
Sou o Tecelão da Rede no *Trabalho Reticular*.
Apresento o Zodíaco ao coletivo
estruturando os relacionamentos.
Honro e formulo convenções, regras
e rituais
que produzem paz de espírito e harmonia no
meio ambiente.
O tempo é valioso para mim.
Sob meu encanto e equilíbrio,
minha diplomacia e integridade,
tenho um desejo de ferro de forjar o meu futuro.
Sou o grande Purificador da Consciência.
É o meu destino.
Agora! Agora!
Agora escolho
planejar o meu futuro
numa dança equilibrada
entre o conforto e o desafio.

★

VISUALIZAÇÕES DE ESCORPIÃO

A SEMENTE ADORMECIDA. Você é uma semente do futuro, tendo-se separado da planta crescida e amadurecida. Os dias estão mais curtos. Está mais escuro e frio. A casca externa começa sua transformação, morrendo e começando a desintegrar-se, realimentando a terra com os nutrientes que surgem através das raízes durante sua formação. No interior da semente, a energia é atraída e consolida seu poder...

★

A GRUTA DA TRANSFORMAÇÃO. Você é um arqueólogo que trabalha nos confins de um deserto de uma ilha no sul da Grécia, chamada Tanatos, e nos últimos anos vem trabalhando muito numa área montanhosa chamada Vale da Morte e da Ressurreição. No início das escavações, não havia praticamente ajuda ou dinheiro. As condições de trabalho eram péssimas, e você contava apenas com seus sonhos e sua intuição para guiá-lo. Mas você foi em frente e descobriu várias cavernas subterrâneas, e a partir de então atraiu a atenção de patrocinadores e de seus colegas arqueólogos. Artigos sobre suas descobertas foram publicados em jornais e revistas do mundo todo e estudantes universitários acorreram, oferecendo-se para trabalharem de graça, apenas para participar de seu trabalho.

Uma tarde, necessitado de um repouso, você sai para passear no Vale da Morte e da Ressurreição, indo além do que havia chegado até então. Em certo momento, o caminho parece se abrir em três direções, e você escolhe aquele que leva a uma área sombreada — um lugar fresco, onde possa descansar e fazer uma sesta.

O local fica mais distante do que você imaginava. Mas, assim que você chega ao abrigo, fica contente por ter ido até lá. É muito fresco e aromático graças aos cardos, às flores do deserto e às ervas silvestres. A água escorre pelas encostas da montanha e certas partes estão cobertas de musgo. Há pássaros nos galhos de árvores e lagartos se espreguiçando. Você se senta no que lhe parece ser um velho cepo. Ao observar melhor, vê que se trata de uma velha coluna de pedra coberta de limo. Então você começa a ver o local com outros olhos. Ao tirar um pouco do musgo da coluna surgem esculturas e uma escrita antiga. Emocionado, decide limpar o musgo da encosta da montanha. Ali também há algo escrito, e mais letras aparecem à medida que você joga água na encosta.

Ao voltar com outros membros de sua equipe, você começa a desvendar milhares de anos em poucas horas. Sim, trata-se de uma entrada. A chancela é removida cuidadosamente, e a porta se abre. O ar é pesado e úmido, e o interior é muito escuro. Com a ajuda de lanternas, aparecem degraus esculpidos à mão na pedra, que levam ao interior da montanha. As paredes empoeiradas estão cobertas de hieroglifos. Seus auxiliares começam a limpar a parede, e você passa a traduzir a linguagem antiga. Parece que se trata da entrada do labirinto da Grande Besta, o protetor do mundo subterrâneo, o deus dos invisíveis. Você continua lendo o texto. Parece que o labirinto é o caos primordial do qual surge a vida e para o qual ela retorna. O labirinto é guardado pela poderosa deusa-mãe Nyx, um ser de três cabeças, meio humano, meio réptil. Parece que as três cabeças determinam o destino, a mágica e o nascimento.

Seus ajudantes continuam a limpar as paredes, e uma pintura gigante bem-conservada da deusa de três cabeças começa a aparecer. A parte inferior do corpo é o de um pequeno dinossauro, o torso superior tem a forma de uma mulher, só que com três seios e asas nos ombros. As três cabeças ornamentam essa estranha combinação: uma águia com um símbolo da lua cheia no meio da testa, uma cobra com uma lua crescente e uma terceira cabeça que você não consegue identificar. Talvez seja uma fênix. Interessante! Você e sua equipe estão encantados com a estranha pintura subterrânea.

Na parte inferior, você traduz várias linhas que avisam que se alguém encontrar a deusa de três cabeças no labirinto, jamais deverá olhá-la nos olhos, senão a pessoa desaparecerá. Você se pergunta se deve descer e ver que outros mistérios poderia encontrar, ou esperar a análise feita por computador do outro lado do local da escavação.

Após uma profunda meditação, você decide explorar o labirinto sozinho. Seus ajudantes o aconselham a não ir sozinho, mas você não quer arrastá-los para o perigo. Como precaução, você desenrola um barbante enquanto desce para o labirinto subterrâneo, para poder encontrar facilmente o caminho de volta.

Chega o momento de entrar no labirinto e você desce cuidadosamente os degraus. Enquanto caminha, começa a ouvir seus passos. De repente, você pára e fica atento, pois achou que ouviu algo, talvez uma voz. Haverá alguém escondido nas sombras? Ou será apenas sua imaginação? Você fica imóvel. É verdade, não apenas há uma voz, como uma música ao longe. Os sons ficam mais vibrantes, como se estivessem se aproximando...

> Nasci sob o signo de Escorpião
> e aceito plenamente seu poder, potencial e dons.
> Sou um dos membros mais misteriosos e poderosos do Zodíaco,
> pois sou o Transformador,
> o Regenerador,
> o Zelador dos Mistérios,
> sou o Místico.
> Vôo muito alto, como uma águia.
> Vejo com o Olho da Águia Mística
> o poder da transformação que age
> na realidade cotidiana.
> Vejo realidades mais profundas.
> Atinjo o núcleo das coisas.
> Investigo a psique, observando tudo.
> Uso profunda objetividade para sobrevoar
> a teia dos obstáculos emocionais,
> para penetrar
> no núcleo das coisas

e, como a Fênix, vou acima
da morte, das trevas,
das profundezas ardentes,
e dou à luz
a vida a um novo nível
através das chamas de todas as limitações no fogo.
Executo o que determino fazer.
O meu ser libera as paixões,
elimina os venenos
e realiza a matéria virgem,
a ser utilizada pelo poder da humanidade para a unificação
e regeneração,
para ajudar a passagem da alma humana
a partir do pessoal para o universal,
do universo material das formas
ao campo espiritual e mítico da alma.
Tenho várias ferramentas e talentos poderosos
que é um dom do signo de Escorpião
para me ajudar, e mais o
meu poder sexual,
meu carisma magnético,
minha capacidade de emitir julgamentos rápidos,
minha percepção crítica,
minha profunda força de vontade e autocontrole,
meu intelecto incisivo,
minha empatia crescente.
A cada dia, amo mais intensamente.
Cada dia significa a morte do antigo
e cada minuto é a ressurreição do novo.
Eu conforto e consumo,
levanto e sublimo, impelido a criar.
Manejo as artes.
Estimulo,
mergulho na vida como um amante
que queima todos os obstáculos
com a intensidade de raio *laser*
dos meus olhos de Escorpião,
dando nascimento
ao poder ilimitado,
potenciais ilimitados,
graças à minha força de vontade e determinação.
Esse é o meu destino.
Agora! Agora!
Agora escolho
planejar meu futuro
numa dança equilibrada
entre o conforto e o desafio.

★

VISUALIZAÇÕES PARA SAGITÁRIO

CONSOLIDAÇÃO DE ENERGIA E REUNIÃO DO PODER NAS TREVAS. Tendo caído no chão, você está reunindo a energia e recursos das suas camadas externas para o seu núcleo mais profundo. A consolidação do seu poder e da energia de vida está completa agora. Você está coberto de folhas, humo e solo. As velhas folhas estão caindo lentamente. À medida que o solo congela e descongela, você mergulha mais e mais profundamente na Mãe Terra, impregnando o solo com um novo início que ainda vai começar. As trevas regulamentam o dia. A luz ainda vai aparecer.

★

DO VALE DOS CAÇADORES DE SONHO. Você está de pé na entrada do Vale dos Caçadores de Sonhos, com seus amigos e outros membros do grupo de caçadores. Alguns dos homens e das mulheres montados em cavalos, outros verificam os arcos e flechas, enquanto você está na entrada do Vale, tentando enxergar através da bruma e do denso nevoeiro.

O solo está coberto com uma fina camada de neve caída durante a noite, e você pode ver a exalação branca que sai da narina dos cavalos e da boca dos amigos. Você faz uma oração, pedindo ao seu guia pessoal para protegê-lo e abençoar sua aventura, ajudando-o a encontrar novos solos de caça do outro lado desse vale estreito coberto de brumas. Tanta confiança foi depositada em você pelo seu povo, tanto amor foi-lhe dado!

Sua égua puro-sangue de cor branca, Knowhoa, cujo nome significa "Velocidade do Espírito Superior", o cutuca e bate o casco no chão. Ela está ansiosa por seguir adiante, levando-o ao seu destino. Você a acalma, alisando sua cabeça, enquanto se pergunta se as lendas sobre o Vale dos Caçadores de Sonhos são verdadeiras. Alguns dos que entraram no vale jamais retornaram.

A lenda reza que quando um ser humano entra na bruma ele tem dez mil sonhos e pode ficar perdido para sempre, vagando pelo nevoeiro, deixando de lado o sentido de seu objetivo: levar adiante sua busca e chegar ao outro lado do vale, onde a grande montanha promete alimento e um novo lar para todos.

Enquanto tira as flechas do carcás, você verifica a dureza de cada uma delas. Em seguida, observa seu arco mágico, que lhe foi dado pelo famoso mestre Metanoia, que o escolheu dentre centenas de homens e mulheres que haviam ido buscar sua sabedoria e capacidade.

Você era apenas um adolescente quando seu pai o incentivou a tentar, mesmo que a maioria dos outros aspirantes fossem mais velhos. Após o teste básico de arco e flecha, muitos foram eliminados. O velho mestre Metanoia pediu aos que restaram que ficassem de pé sobre uma das pernas, até que só restaram você e mais quatro finalistas. Todos os outros, por causa do cansaço, abaixaram o outro pé.

Você ficou tão contente, que mal podia se controlar. E seus pais ficaram muito orgulhosos de você. Todos os outros concorrentes eram muito mais velhos, e mesmo que você não conseguisse chegar até o final da competição já era um vencedor. Metanoia, velho e manco devido a uma lesão no quadril, sentou-se sobre um velho tronco de árvore e pediu que os participantes se aproximassem para responder a perguntas, para que ele decidisse quem seria seu novo discípulo.

À primeira mulher ele perguntou: "O que você vê?".

Ela respondeu: "Vejo o vale diante de nós, a montanha, o céu, as árvores e alguns pássaros nas árvores".

O mestre Metanoia disse: "Não é o suficiente".

Pedindo ao próximo aluno que se aproximasse, ele perguntou: "O que você vê?".

"Vejo o vale diante de nós, a montanha, o céu, uma árvore com um pássaro e você, no canto do meu olho", respondeu ele.

"Não é suficiente", disse o mestre. "Quem é o próximo?"

O terceiro participante, uma mulher forte, caminhou confiantemente em sua direção.

"Então, o que você vê?"

Após um momento de silêncio, ela respondeu: "Venerável mestre, não posso vê-lo, mas ouço sua voz. Vejo apenas a árvore no campo e um pássaro no galho".

"Pode ir. Você também falhou", disse Metanoia, desapontado.

O quarto aluno em perspectiva recebeu a mesma pergunta.

Ele respondeu: "Vejo apenas o galho da árvore e o pássaro".

"Você também está eliminado. O próximo."

Então, lentamente, você foi em direção ao mestre meio animal, meio humano, com o rosto cheio de rugas. A multidão riu, mas você nada percebeu, a não ser os olhos hipnotizadores e profundos do velho Mestre, quando ele finalmente fez a pergunta.

Você olhou ao redor e disse: "Vejo apenas o pássaro, venerável mestre".

"Ah", disse Metanoia, "olhe com mais cuidado!"

Você sentiu uma sensação inesperada percorrer seu corpo e tudo mudou. Você olhou ao redor e tudo estava igual, porém diferente. Tudo estava mais claro, mas distinto. As cores eram mais vibrantes. Seu corpo estava diferente. Pouco depois, você respondeu: "A marca vermelha no centro da cabeça do pássaro é tudo o que vejo!".

"Meu jovem, você será meu aluno. Ensinarei a você como ser o alvo e não o arco. Assim, você nunca errará, pois já estará lá."

Isso foi há muito tempo. Agora você é tão famoso quanto o fora o Mestre Metanoia, e alunos o procuram para segui-lo. Mas hoje ninguém o acompanhará ao Vale dos Caçadores de Sonhos. Pode ser perigoso, e você não quer arriscar a vida de ninguém, a não ser a sua própria.

Você está pronto, sobe no cavalo, volta-se e se despede, e entra a galope pelo forte nevoeiro, desaparecendo como se tivesse sido engolido por uma nuvem branca. Você e seu cavalo são um só, um movimento muscular único, uma só respiração.

Pouco tempo depois, o denso nevoeiro assume várias formas azuladas, e você ouve uma voz, vinda de nenhum lugar e de todos os lugares. Às vezes, parece-se até com a voz do seu antigo mestre. Quem sabe seria o seu espírito? Uma música sobrenatural começa a tocar e a voz diz...

>Nasci sob o signo de Sagitário.
>Aceito plenamente seu poder, potencial e dons.
>Sou o Sábio do Universo.
>Sou o Vidente do Zodíaco.
>Vejo agora o futuro.
>Lembro-me do futuro.
>Aceito os poderes curativos e mágicos
>que tenho e usarei
>em meu benefício e no dos outros
>no que achar apropriado.
>Adapto meu entusiasmo.
>Sou otimista,
>confiável.
>Sou amigo, honesto e versátil.
>Meu senso de humor é sutil.
>Faço amigos aonde quer que vá,
>com facilidade,
>em casa ou quando estou viajando,
>porque sou honesto e independente,
>incentivador e confiante,
>idealista e imparcial,
>justo e leal.
>Sou afetuoso, otimista e solidário.
>Almejo as estrelas.
>Projeto a alma em direção à pátria.
>Aumento a percepção e a força vital.
>Concentro minha atenção nos céus superiores.
>Sou o Aventureiro.
>Aprecio o desconhecido.
>Amo o inexplorado.
>Aspiro ao espírito da verdade e
>viajo em direção a objetivos definidos e distantes.

Sou aquele que libera a Flecha da Iluminação.
Aumento e expando os horizontes do universo.
Procuro sempre o teste dos limites e desafios.
Sou devotado à verdade.
Abro novas dimensões.
Seduzo a verdade, o novo conhecimento.
Avalio a moralidade à luz da superconsciência.
Sou o holofote do espírito.
Penso grande.
Vôo alto para encontrar a perspectiva perfeita.
Preciso da imagem completa
para a frente e para cima
sempre, a espiral eterna,
e lanço minha flecha firmemente na direção do alvo.
Vejo o objetivo,
ouço o futuro agora,
compartilho o futuro,
acredito no futuro.
A vida se abre para mim sempre em novas dimensões
e novos campos e novas esferas.
Dirijo minhas energias para o alvo central
porque sou o Arqueiro.
Meu arco me impulsiona, a seta *me* faz ir adiante,
vôo centralizado e verdadeiro, concentrado em uma direção.
Dentro de mim, as idéias do universo nascem.
Ilumino o intelecto com a luz do espírito.
Deixo as trevas.
O futuro não me amedronta,
apenas o maravilhoso e o misterioso
levam-me adiante.
É o meu destino que me chama.
Agora! Agora!
Agora escolho
planejar meu futuro
numa dança equilibrada
entre o conforto e o desafio.

★

VISUALIZAÇÕES DE CAPRICÓRNIO

A LONGA NOITE TERMINA, A VIDA COMEÇA. A longa noite terminou e você sobreviveu, escondido e seguro nas profundezas da Mãe Terra. Mesmo debaixo do solo, você pode sentir o Sol começar a reclamar seu domínio. Mais e mais luzes descem sobre a Terra. Então você começa a sentir.

Algo quase imperceptível começa a acontecer sob a superfície. Uma energia sutil começa a se mover e a motivar. Há um grande movimento. Você começa a formular sua raiz mestra e ultrapassa as fronteiras de sua concha dentro da Terra, no interior dos ricos recursos alimentares da Terra, para reunir energia para subir à superfície, em direção ao calor, em direção à luz criadora de vida.

★

DAS PROFUNDEZAS, EM DIREÇÃO ÀS MONTANHAS. Os membros do seu gabinete e outros — amigos, conselheiros e seguranças — estão na praia esperando-o chegar da pesca submarina. Você está de férias e se divertindo. Com todas as responsabilidades como presidente do seu país, raramente tem tirado férias.

Você adora pesca submarina e passa muito tempo no mar, especialmente quando há golfinhos nas vizinhanças. Você é fascinado por eles — mamíferos que, em algum ponto de sua evolução, decidiram voltar ao mar, porém mantendo a capacidade de respirar o ar. Você também gosta de tocar sua pele macia quando eles se aproximam. Eles não possuem escamas, como os peixes. E parece que você é tão popular com eles como com seus eleitores, que o consideram um líder inspirador e paciente.

Como os golfinhos nadam com facilidade e vigor! Seu sorriso constante, sua graça e suas brincadeiras são deliciosos para se olhar e imitar. Seus amigos mergulhadores, próximos a você, também se deliciam com os magníficos rochedos e os maravilhosos golfinhos. Não é de admirar que essa enseada seja chamada de Portão dos Deuses.

Logo dizem-lhe para se dirigir à praia para um almoço tranqüilo, e em seguida várias horas de alpinismo nas imensas montanhas que se situam sobre a enseada. Enquanto você come, um amigo lhe entrega um par de binóculos para que possa observar as cabras que se alimentam da esparsa vegetação, pulando de rocha em rocha com facilidade e precisão. Todos estão encantados com a rapidez e as brincadeiras dos animais. Você quer começar logo a escalar, antes que termine a tarde perfeita, ensolarada e com a brisa marinha, e as responsabilidades do líder da nação mais próspera e mais poderosa do mundo recomecem.

Você verifica cuidadosamente seus instrumentos de alpinismo e quando seus companheiros estão prontos, você começa a escalada, revelando sua coordenação, a força das pernas, a flexibilidade dos joelhos, a força da mão e a imensa capacidade de escolher o caminho certo da encosta. Estabelecendo um ritmo equilibrado entre o conforto e o desafio, chega a um pequeno prado, onde você e seu grupo param para descansar. Ao sentar-se, sentindo o calor do sol no rosto e bebendo a água do cantil, algumas cabras chegam à borda do penhasco para observar os intrusos em "seu" território. Enquanto todos observam essa visão imaculada, você pode quase ouvir a mítica flauta de Pã trazida pela brisa marinha.

Depois que os animais foram embora, você retoma a escalada, com mais vigor, e sente que o ar está ficando mais frio, mais claro e mais límpido. O oxigênio está mais rarefeito. Você pára por um instante para respirar, com seus dedos segurando firmemente as saliências estreitas, e observa ao seu redor. Parece que você está num estado alterado de consciência. Tudo parece tão bonito — as nuvens, o oceano, as ondas que se chocam contra as rochas na praia.

Você está chegando ao fim da subida, ao topo da montanha. Você se sente estimulado e cansado ao mesmo tempo. A última escalada que fez foi há tanto tempo! Sua cabeça está leve, e seus pensamentos extraordinariamente claros. Será que a causa é a rarefação do ar? Você retira seu equipamento de alpinismo, regalando-se com a maravilhosa vista chamada Amaltéia pela população local, do nome de uma antiga deusa. Enquanto os outros conversam e se restabelecem, você se deita, fecha os olhos e começa a ter um devaneio muito especial e mágico. Você chegou ao topo de outra montanha, coberta de granadas, cristais e poeira de ônix. Lá, no meio de uma estranha bruma, está um unicórnio, olhando para você. Você fica totalmente parado, enquanto o unicórnio começa a falar...

Nasci sob o signo de Capricórnio.
Aceito plenamente os potenciais, o poder e os dons do meu signo.
Como um cristal crescente, inicio a ordem cósmica.
Sou o empreendedor, o Construtor, o Organizador,
que olha para ordens superiores, mais justiça,
constantemente construindo relacionamentos, famílias,
comunidades e países.
Escalo a montanha da matéria em direção ao espírito.
Aceito os poderes curativos e mágicos
que tenho ou usarei
em benefício de mim
para servir aos outros
naquilo que achar apropriado.
A chave para contatar meus profundos recursos
é uma maior aceitação de mim mesmo,
do que sou agora, de quem desejo me tornar.
Posso ver, ouvir e me sentir
dia após dia, mês após mês,
dirigindo-me à perfeição dos meus talentos.
Planejo metodicamente, na direção correta, com muito cuidado.
Olho para o objeto e inspiro outros
através de uma visão universal, encorajando-os
a perseguir objetivos mais elevados.
Tenho coragem de confrontar dificuldades

e conquistá-las.
Persistência temperada com cuidado e paciência, eis minha ferramenta,
até que o objetivo seja atingido.
Deixo de lado aquilo que não está no meu padrão.
Minha comunicação com os outros está sempre melhorando.
Equilibro o futuro com o presente.
Quando necessário, deixo de lado desejos imediatistas em troca de objetivos a longo prazo.
Sou permanente.
Sou autocontentamento e persistência.
Sou leal e determinado.
Persisto através da resistência.
Sou confiável e cuidadoso.
Sou o Líder,
motivado por um forte senso de propósito,
sem deixar de lado as necessidades das pessoas.
Dou força e incentivo.
Transpiro uma grande vontade de me concentrar,
uma vontade de amar e respeitar
a mim e aos outros.
Inspiro através do meu exemplo.
Eletrifico e motivo
o que seja, coisa ou pessoa,
que permita chegar ao topo.
Minha visão transforma o abstrato em concreto.
Transformo as idéias e os ideais em algo tangível.
Sou o holofote no palco da vida porque sei
que sirvo como poder superior para completar
a experiência terrestre.
É o meu destino.
Posso mudar o meu destino.
Agora! Agora!
Agora escolho
Planejar meu futuro
numa dança equilibrada
entre o conforto e o desafio.

★

VISUALIZAÇÕES DE AQUÁRIO

CRESCIMENTO ASCENDENTE. Sua raiz mestra passou das fronteiras da sua concha em direção à terra, até atingir sua essência, úmida e nutriente. Suas raízes descem e se tornam mais volumosas. Com a energia que reuniu, você inicia seu crescimento ascendente. A terra cede à pressão.

★

A RUPTURA DO SÉCULO. Você chegou muito cedo ao seu agora famoso laboratório de pesquisas, como é seu hábito já há vários anos. Você gosta de andar pelo laboratório, verificando os enormes computadores de última geração e medindo instrumentos, especialmente a máquina Z-23 de holo-*laser* que lhe deu o prêmio Nobel de Ciências no ano anterior.

Você orgulhosamente observa o seu laboratório e começa a pensar nos primeiros anos, antes que a fama e a fortuna chegassem após a descoberta do funcionamento da mente humana, responsável pelo prêmio que recebeu. Nas paredes de seu escritório particular estão pendurados certificados e recortes de jornal anunciando suas descobertas. Há também fotografias de seus cientistas prediletos: Madame Curie, Thomas Edison e Albert Einstein. Em sua mesa estão dois hologramas. Um retrata Prometeu dando à humanidade o fogo que trouxe dos céus. O outro mostra Eva aceitando a maçã da árvore do conhecimento.

Não apenas você pode descobrir e provar como a mente funciona tirando fotografias holográficas tridimensionais que registram o que você viu, ouviu e provou naquele instante. Você também foi capaz de criar uma máquina que transfere as informações ou lembranças da mente de uma pessoa para a mente de outra. É fantástico ser um cientista que deu tal contribuição à qualidade de vida sobre a Terra, afetando a vida de tantas pessoas em um período tão curto de tempo! Os campos da educação e comunicação foram revolucionados a partir da máquina Z-23. A aprendizagem é diretamente gravada no cérebro e o conhecimento de qualquer assunto é fácil e automaticamente transferido. A álgebra ensinada no segundo grau, por exemplo, pode ser aprendida em oito horas, Química do mesmo nível, em doze. Incrível!

Após preparar uma bebida quente, você caminha até a parte mais nova do centro de pesquisa, a sala Theta, que acabou de ser construída e está pronta para ser utilizada. É com ela que você vai ganhar, pela primeira vez na história, um segundo prêmio Nobel e, o que é mais importante, dar ao mundo um presente que transformará suas vidas de forma completamente inimaginável.

A sala Theta é em forma de esfera, revestida de chumbo e ouro, com uma camada de cristais de silicone. Uma das suas descobertas foi a criação de cristais que refletem em sua estrutura interna as configurações dos céus. Os cristais foram fabricados durante um eclipse total da Lua, quando a Terra estava exatamente entre o Sol em Aquário e a Lua em Leão, e a fina estrutura dos cristais reflete essa configuração.

No centro da sala Theta encontra-se uma mesa circular feita de algumas camadas de chumbo, cristal e ouro. Uma centena de raios *laser* de cobalto azul cruzam a sala.

Você está pronto para testar a sala Theta, que foi planejada para ser um Ressonador de Campo Mórfico. Se funcionar de acordo com suas teorias, ao ligar o *laser*, tudo o que estiver em cima começará a ressoar de maneira muito especial em seus campos mórficos. Você poderá ligar a sala em qualquer nível mórfico que desejar, desde a forma ideal de um objeto até a sua identidade transcendente.

A sala também pode ser ligada para ressoar com os tons puros de qualquer campo, que transformam um objeto na perfeita expressão do "Coração do Campo".

Você trouxe para a sala uma miniatura de uma roseira, em um pote de barro. Apesar de florescer, a roseira não está saudável. Seu desenvolvimento estacou por não ter recebido água e luz solar em quantidade suficiente.

Você dispõe a roseira em cima da mesa, coloca água cristalizada no vaso e sai da sala, até a janela de observação, e liga o botão para ativar o equipamento.

A rede de raios de cobalto azul preenche a atmosfera com um brilho elétrico. Um zumbido subliminar é quase perceptível, diferente de tudo o que você ouviu até agora.

No início, parece que a roseira não mudou, mas você observa com crescente fascinação que a roseira e o pote começam a brilhar com uma luz iridescente, deslumbrante. Os talos da rosa formam um padrão extraordinário, suas folhas tornam-se luxuriantes e ela cresce de forma indescritível. Os botões parecem brancos para em seguida passarem a violeta, azul, amarelo, laranja, rosa e vermelho. O vaso também parece mudar de cor, em tons de terra.

Você desliga o raio *laser* e volta à sala Theta. A roseira continua mudada. Suas folhas continuam sem manchas, passando do verde-claro, das mais novas, ao tom mais escuro das mais velhas. As proporções da roseira são perfeitas e os botões, magníficos! Você observa um deles cuidadosamente e fica maravilhado.

Você está tão empolgado com esse sucesso, que foi além de todos os seus sonhos. E você sabe o que fazer a seguir. Primeiro, as anotações no caderno. Após verificar sua lista, você ajusta alguns dos raios *laser*. Em seguida, dirige-se à grande mesa acolchoada no centro da sala Theta e se deita nela. Você começa a pensar no voluntário que estará exatamente nesse lugar, prestes a entrar para a história da ciência. Sem querer, adormece e sonha.

Você se vê flutuando cada vez mais alto, primeiro alguns centímetros fora do corpo, depois fora da sala, flutuando por todo o laboratório, e depois fora do edifício, no céu da manhã. Cada vez mais alto, nas nuvens, emocionado com a visão da Terra, lá embaixo. Depois, mais alto, atravessando a camada de ozônio até chegar ao espaço, de onde pode ver o globo azul-esverdeado, e de repente, a coisa mais maravilhosa acontece — você começa a emanar raios da cor do arco-íris a partir do centro do seu corpo, circundando a Terra, banhando-a de forças vivificantes. A Terra parece possuir uma nova energia, flutuando no espaço como um diamante! E nesse exato momento você ouve uma música celestial e uma voz...

>Nasci sob o signo de Aquário.
>Aceito plenamente o seu potencial, poderes e dons.
>Sou o poder prometido da nova era.
>Sou o Mensageiro da Verdade.
>Sou o Cientista, o Revolucionário.
>Sou o signo de gênio do Zodíaco.
>Sou a Parteira do Novo Poder Vibratório
>que desce sobre nosso Planeta.
>Sou o Servente da Humanidade
>que despeja a água do conhecimento
>para matar a sede de ignorância.
>Sou o Poder Universal da Coordenação
>do espírito e da matéria,
>visão e material.
>Sou o poço do amor altruísta.
>Eu vejo, ouço e sinto todos os outros
>e ajo como se fôssemos um só.
>Sou o Espírito da Humanidade
>que sempre procura a iluminação,
>mesmo que precise ser tirado dos deuses,
>como foi o fogo por Prometeu.
>Meu pensamento é claro como o cristal, tranqüilo,
>universal e elétrico.
>Minha paixão se resume no progresso da humanidade.
>Já subi a grande montanha.
>Estou no teto do mundo, observando
>novos campos de empreendimentos,
>maiores desafios,
>novos programas radicais,
>para continuar a abrir
>mais e mais dimensões sutis do meu ser e do ser das outras
>pessoas.
>Controlo as forças mais delicadas e etéreas do universo,
>as forças invisíveis que controlo e distribuo
>através da minha vida e do mundo.
>Possibilito às pessoas transcenderem suas
>realizações anteriores.
>Incentivo-as a ascenderem às
>alturas e atingirem suas grandes possibilidades
>de sucesso espiritual e material.
>Inspiro as multidões.

O conhecimento e a verdade que recebo do meu signo
é um poderoso dom.
Minha paixão é distribuí-lo,
tornando meus ideais e idéias acessíveis a todos
os seres vivos,
infundindo-os com a Força Vital,
irradiando para o exterior o poder deste campo de
força para todos,
como um teia de ouro em que dos fios cruzados
sou o Centro, o Sol, o doador de energias vitais,
de inteligência, amor e percepção.
Eu causarei rupturas, darei saltos quânticos,
iniciarei transformações, criarei novas visões,
novas sínteses e o poder sinérgico
do esforço único de mentes unidas,
de sonhos unidos
de uma visão comum do mundo.
Sou leal aos meus amigos e dou-lhes o que espero
deles.
Aprendo o meu próprio caminho.
Aprendo a minha própria vida,
e deixo que os outros sigam seu caminho.
Dou às pessoas a liberdade de serem elas mesmas e
procurarem seu próprio destino.
Esse é o meu destino.
Agora! Agora!
Agora escolho
planejar meu futuro
numa dança equilibrada
entre o conforto e o desafio.

★

VISUALIZAÇÕES DE PEIXES

O VELHO COMEÇA A RENASCER. Sua raiz mestra tira mais energia da rica terra nutriente, dos resíduos estragados de velhas folhas. A morte e a decomposição do ciclo de crescimento passado se torna a energia vivificante para o novo crescimento emergente. A desintegração alimenta a nova integração. A longa raiz mestra diversifica-se, projetando-se para os lados, reunindo mais alimentos e poder, necessários, pois dentro de você algo de novo está começando a acontecer. O poder do Sol está levando-o para cima, e seus brotos estão empurrando a camada de terra que o separa da luz.

★

O TEMPLO DAS CASCATAS DE ESTRELAS. Você dormiu e teve um sonho curioso. Encontra-se esperando em um antigo dique em frente a uma enseada, diante do mar, e sente-se inundado de êxtase e expectativa da jornada até o santuário das Cascatas de Estrelas, que abrigam a entrada celestial para o templo dos sonhos das águas.

Em pé no dique, você ouve estranhos sons vindos do meio da baía envolta em bruma. Está cativado pela beleza do pôr-do-sol e encantado com os tons violeta do início da noite.

Você espera. Os odores da praia e os vapores purpúreos levam-no ao estado de êxtase. Um esplendor que lhe foi dado pelas portas do pôr-do-sol para sua longa e distante jornada!

Seu coração anseia pelas ilhas do Abençoado, as terras do futuro. Se pelo menos o Carregador dos Sonhos chegasse com a nave sobre rodas para levá-lo para fora deste mundo de escória e morte.

Através das brumas você consegue ouvir o minúsculo sino antes de vê-la. Depois, a proa do barco fica visível, e o centro do barco, e finalmente você pode ver o Carregador dos Sonhos vestido de branco com um capuz na cabeça. Ele levanta o braço para cumprimentá-lo. Lentamente o barco se aproxima, e vem até a praia, sobre suas estranhas rodas. O carregador sorri e lhe entrega um rolo de fita dourada e a insígnia da Família Real da Ilha dos Abençoados.

Você desenrola a fita enquanto o barco volta para a água e começa a se afastar, voltando para a profunda bruma violeta. É um convite para o Casamento Divino, a união do Espírito e da Carne, do Céu e da Terra. O casamento será realizado no Templo dos Sonhos Límpidos, e o carregador vai levá-lo até lá. Você está profundamente emocionado com a honra que lhe foi dada e curioso a respeito da cerimônia.

Durante a viagem noturna, começa uma tempestade provocando enormes ondas, mas, como num passe de mágica, o barco fica firme como se estivesse no olho do furacão, protegido por um santuário de graça. O Carregador dos Sonhos segura firmemente o timão enquanto faz cálculos precisos e avaliações para mantê-lo seguro durante a tempestade.

Enquanto seus olhos observam o caos causado pela tempestade, suas correntes perigosas e sua ressaca ilusória, ele canta uma canção do mar, um encantamento para criar segurança e orientação. Você não sabe exatamente o que é, o som parece o de um sortilégio. Você decide fazer uma pequena oração e se lembra de uma que sua avó pisciana costumava cantar como canção de ninar.

> Que eu seja guiado por Deus
> através das Trevas até a Luz,
> do Falso para o Verdadeiro,
> da Cegueira para a visão,
> da ilusão da morte
> à bênção Celeste que possa sentir.

Logo após a aurora, a tempestade desaparece e um maravilhoso arco-íris aparece por sobre o mar. À sua volta estão outros barcos de vários tamanhos e tipos, com estandartes coloridos, decorações exóticas e imensas bandeiras. Parece que todos os convidados para o casamento vão se reunir em uma frota maravilhosa para o Casamento Divino.

À tarde, você vê, à distância, uma pequena ilha com o que parece ser um grande arco de coral na entrada de um pequeno porto. O porto está cheio de decorações, e ouve-se música. Dezenas de golfinhos pulam no ar e brincam à frente dos barcos que entram no porto. Alguns meninos e meninas estão montados nas suas costas, agitando as mãos e jogando orquídeas, violetas e outras flores ao mar.

Há muita alegria e animação, enquanto os convidados desembarcam dos barcos. Você é levado até seu quarto, que fica à beira da água. Da varanda, você pode ver os golfinhos brincando e os barcos coloridos. Você decide nadar e depois troca de roupa e fica olhando as cores pastel do bonito pôr-do-sol. A solidão e a calma, o movimento rítmico das ondas refrescam-no e o revigoram, renovando todas as células do seu corpo.

Finalmente, mais tarde, à noite, tudo está pronto. Todos estão reunidos e a enseada onde está o imenso arco de coral parece branco, contra a luz da lua. Os tambores, os fogos, a música, os risos, tudo combina para criar um fluxo extasiante de alegria e expectativa.

E aí acontece. Do interior das águas, diretamente sob o arco, surge um imenso navio, como uma bolha gigante. É a coisa mais maravilhosa e magnífica que você já viu. Do meio dele sai uma coluna de água, como uma catarata, e ao atingir o topo da bolha, a água, cheia de estrelas, desce pela lateral de uma fantástica cascata de estrelas brilhantes.

Um a um os convidados entram no Templo das Cascatas de Estrelas. Enquanto espera sua vez, uma coisa excepcional acontece. Você começa a ouvir uma voz vinda de dentro de você, uma espécie de música sobrenatural...

> Nasci sob o signo de Peixes.
> Aceito plenamente os potenciais, poder e dons do meu signo.
> Sou o Místico, o Sonhador Cósmico.
> Sou o Dançarino das mil faces.
> Sou o Bem-Amado, o Amante,
> sou o Poeta, o Divino Guerreiro Negro.
> Sou o Divino Curandeiro Branco.
> Sou o Curandeiro.
> Sou o Curado.
> Sou a alegria do sentimento,
> a percepção submersa, sob todas as coisas.
> Sou a Luz do Ser,
> sou o ser

que aceita a mágica lendária
e os poderes místicos do meu signo
para o meu benefício
a fim de servir aos outros
no que achar adequado.
A chave para contatar meus profundos recursos internos
é uma aceitação cada vez maior de mim mesmo,
do que sou agora, e do que desejo tornar-me.
Posso ver, ouvir e me sentir
dia após dia, mês após mês,
dirigindo-me à perfeição dos meus talentos.
Incorporo o sentimento da verdadeira solidariedade
e compaixão através da compreensão
até os limites da imaginação.
Minhas correntes e ondas vão fundo e são poderosas,
e minha visão iluminada enxerga sob a superfície
das coisas,
onde se encontram os sonhos de uma vida transformada
em um mar efervescente e evanescente
de universos mutantes,
e os reinos paralelos do milagroso.
A metamorfose e as brumas misteriosas
de arco-íris explodem em reflexões,
de nuvens de poeira de lavanda,
o supernatural,
quase lindo demais para ser verdadeiro,
levantando a alma do corpo
para cima, para cima, para cima...
arrebentando a servidão,
liberdade extraordinária,
para a terra prometida do reino,
não deste mundo, ou do inconsciente,
acima e livre do labirinto terrestre
das bestas e estrelas
para um reino cheio de fé e imaginação
e profunda alegria.
A redenção da matéria
em direção a um estado superior.
Sou o Fogo Celeste do Coração.
O Coração Secreto, o Coração Sagrado.
Sou delicado, receptivo e solidário.
Tenho grandes ideais e aspirações.
Consegui controlar a arte de me ligar às pessoas
e às circunstâncias
e à forma como as coisas funcionam.
A estética é importante para mim,

e dou um toque de beleza a todos os aspectos da minha vida.
Portanto, meu verdadeiro potencial é ativado.
Através da minha capacidade de aplicar adequadamente
as qualidades de desinteresse, discernimento e capacidade
de decisão.
Desinteresse da sensibilidade exagerada dos sentimentos.
Discernimento de informações intelectuais e subjetivas.
Capacidade de tomar decisões.
Tenho sucesso em criar um equilíbrio,
um equilíbrio entre os grandes poderes
da minha imaginação e capacidade criativa,
com um forte senso prático e determinação concentrada.
E sei que sempre posso contar
com a minha maravilhosa intuição.
Com todas essas bênçãos,
posso mudar meu destino.
Agora! Agora!
Agora escolho
planejar meu futuro
numa dança equilibrada
entre o conforto e o desafio.

RESUMO

1. A tradição zodiacal divide o ciclo em doze fases — os signos zodiacais.
2. Do ponto de vista da Terra, o Sol, a Lua e os planetas viajam através desse aro dos céus, cada um com uma velocidade própria.
3. Apesar de os detalhes das descrições dos signos terem mudado através dos séculos, alguns temas básicos permanecem constantes, pois parecem fazer parte do inconsciente coletivo humano como arquétipos.
4. Cada pessoa carrega o registro de todo o Zodíaco e pode expressar temas de qualquer um dos signos, mas alguns signos de cada horóscopo estão registrados mais profundamente.
5. Todos os temas arquetípicos puros são lindos — o que nos causa repulsa é a incrustação de hábitos negativos, tanto culturais como individuais, de expressão desses temas.
6. Para ajudar o leitor a usar a chave mítica para esses arquétipos, damos, para cada signo zodiacal, visualizações e uma harmonização. No apêndice, encontram-se as palavras-chave de cada signo.

★

NOTAS

1. Datas aproximativas em que o Sol se encontra nos signos zodiacais; Áries, 20 de março a 20 de abril; Touro, 20 de abril a 21 de maio; Gêmeos, 21 de maio a 21 de junho;

Câncer, 21 de junho a 22 de julho; Leão, 22 de julho a 23 de agosto; Virgem, 23 de agosto a 23 de setembro; Libra, 23 de setembro a 23 de outubro; Escorpião, 23 de outubro a 22 de novembro; Sagitário, 22 de novembro a 21 de dezembro; Capricórnio, 21 de dezembro a 20 de janeiro; Aquário, 20 de janeiro a 19 de fevereiro; Peixes, 19 de fevereiro a 20 de março.
2. As características de cada signo zodiacal refletem as qualidades do período do ano quando o Sol faz sua visita anual àquele setor do céu. Essas qualidades podem ser relacionadas, de certa forma, ao ciclo de crescimento anual do hemisfério norte, que (talvez por causa de sua maior massa terrestre e população) parece influenciar o campo mórfico zodiacal de maneira mais poderosa do que as estações opostas do hemisfério sul.
3. Existe uma confusão entre os *signos* (o zodíaco *tropical*) e as *constelações* (o zodíaco *fixo*). Veja o capítulo 11, onde se explica a diferença entre os dois. Parece que ambos os zodíacos podem nos influenciar. Podemos considerar cada um deles como sendo um campo mórfico. Na astrologia ocidental, o zodíaco tropical é muito mais usado.

CAPÍTULO 6

Os planetas da transformação

★

Não há a menor orbe que segures.
Mas em seu movimento como um anjo canta...
Tal harmonia está nas almas imortais;
Mas enquanto esse turvo traje de decadência
Grosseiramente o envolve, não podemos ouvi-lo.
WILLIAM SHAKESPEARE. *O mercador de Veneza.*

★

Do alto do centro da Terra, através do Sétimo Portão,
levantei-me e no Trono de Saturno me sentei e muitos nós
deslindei através do caminho, mas não o Nó Mestre do
destino humano.
OMAR KHAYYAM. *Rubaiyyat.*

★

Compreende que dentro de ti existe outro pequeno mundo e
dentro de ti estão o sol e a lua e também as estrelas.
ORIGEN.[1]

★

Você é o chefe de um Estado do continente circular. Seu conselho central de dez pessoas está reunido em uma mesa redonda no centro do continente. O tampo da mesa está pintado com uma roda de doze raios, com um desenho diferente entre cada um dos raios. Quando você se senta no centro da mesa, observa que cada um desses espaços irradia para fora da mesa em direção ao território por ele representado.

Os membros do conselho são bem diferentes uns dos outros, e cada um deles tem uma função importante na administração do continente.

Eles são simultaneamente conselheiros e administradores. Também sábios e extremamente habilidosos — quando em harmonia com seus seres míticos. Mas, quando não estão, seus conselhos são errôneos, pois agem a partir de padrões de hábitos antigos, em vez de se concentrarem na necessidade real do momento.

Você os inspira a se harmonizarem com seus seres míticos. Quando isso acontece, você pode enxergar a incrível beleza de cada um dos membros do conselho e também a beleza do trabalho de equipe que realiza — eles são como um único ser, uma extensão da sua consciência.

★

O Sol, a Lua e os planetas são habitantes do Zodíaco. São *seres arquetípicos*, cada um com sua função, expressando temas arquetípicos do Zodíaco. Eles também estão representados na natureza astrológica de cada pessoa.

Se eles agem a partir de hábitos negativos de seus arquétipos, o resultado é um dramalhão de segunda categoria. Mas, quando eles estão em harmonia com o Coração do Arquétipo, sua maneira de agir inspirada torna-se real a partir de um desempenho inspirado. A purificação da energia dos planetas pode nos ajudar a expressar o imenso potencial da nossa natureza astrológica.

A luz de cada planeta é colorida pelas lentes do signo zodiacal em que ele se encontrava no momento do nascimento da pessoa. Portanto, a purificação da energia dos signos pode tornar mais fortes as formas de expressão de cada um dos planetas.

Além das harmonizações de cada planeta, o apêndice traz as palavras-chave de cada um deles. Elas podem ser combinadas com as palavras-chave do signo em que cada um se encontra, possibilitando uma maior compreensão dos potenciais dessa combinação.

Agora, levaremos você até a presença dos membros do seu conselho cósmico, para apresentar o seu ser mítico ao ser mítico de cada um dos planetas.

HARMONIZAÇÃO DO SOL

Sou o Sol do nosso Sistema Solar.
Sou o "Dirigente dos Planetas".
Todos aqueles dentro do meu império
giram ao meu redor.

Sou o Presidente do Conselho Planetário.
Sou o Centro do Círculo.
Sou o Cubo da Roda Cósmica da Vida.
Todos os caminhos levam a mim.
Sou o Círculo
cujo centro está em toda parte e
cuja circunferência está em lugar nenhum.
Sou o Deus dos Deuses do nosso império.
Quando brilho, os céus se abrem,
novos horizontes aparecem.
Tiro a vida do sono profundo das trevas.
Sou a tocha dos deuses.
Sou o farol num mar de estrelas.
Sou o Deus da Luz
no qual não existem trevas.
Sou o Deus da Verdade.
Sou o núcleo central do ser,
o Vácuo a partir do qual toda a criação se faz.
O Espírito se manifesta através de mim.
Sou a totalidade de toda a matéria,
sou o Átomo Supremo Único.
Fora de mim, o Único se transforma em Vários
porque sou o Gerador da Vida.
Sou o Núcleo da Matéria,
a Espinha do Espírito,
o sentido do Ser, o *Eu*,
A Determinação do Verdadeiro Ser,
a Fonte de Poder e Autoridade.
Meu crepúsculo é a Vida.
Sou o Curandeiro,
o Maestro da Lira de Ouro.
Palpito com a Vida.
Sou o Amor Impulsionador que une
cada parte dentro do todo.
Cada realidade que crio
é conquistada por meu Amor.
Sou o espírito do propósito consciente
da vitalidade e crescimento.
Aplico o desejo de vir a ser
mais do que somos e de brilhar no mundo.
Defino o propósito do indivíduo
dentro do Plano Cósmico, a identidade.
Sou o lugar onde
o único encontra o infinito.

HARMONIZAÇÃO DA LUA

Sou a Lua.
Dirigente das sombras Azuis e do silêncio úmido no
Vaso dos Céus.
Dou forma à força criativa.
Sou a Matéria Fértil
que sustenta e alimenta
as sementes da vida solar.
Absorvo as correntes solares
sendo passiva, feminina e receptiva.
Sou a substância sensitiva
dos instintos, lembranças e desejos,
esperando ser impregnada
pela luz, calor e poder
dos raios do Sol.
Sou a Grande Mãe.
Os antigos me chamavam
de milhares de nomes misteriosos.
Sou a Parteira Celestial
que acaricia o Filho da Divina Semente.
Irmã do Sol, carícia da Mãe,
sou o Seio da Vida,
Amante dos Amantes,
Sabedoria das águas,
do instinto e da experiência ancestral,
da natureza e espírito,
Destino e movimento do tempo.
Tenho o conhecimento e o poder secretos
do Amor,
do inconsciente,
da imortalidade,
da inspiração e do desejo instintivo.
Mãe do Encantamento e dos Mágicos,
dirijo minha função e forma da matéria,
ritmos do corpo e destino da alma,
onde já se esteve e o que se deve enfrentar.
Sou o Captador e o Refletor,
hipnotizo as massas
cantando minha eterna canção das sombras azul-elétricas.

HARMONIZAÇÃO DE MERCÚRIO

Sou Mercúrio,
Mensageiro dos Deuses,

a Testemunha Divina
das estrelas e da luz estelar,
o Deus da Curiosidade e da Infância.
Como Mensageiro Divino,
o mais rápido, o mais ousado e
o mais astuto dos deuses,
fui abençoado com a percepção do raio *laser*
e uma língua de ouro.
Sou o Grande Mediador
que reconcilia todos os opostos,
já que vejo e compreendo
todos os pontos de vista
e posso explicá-los
sempre em movimento contínuo,
observando e colecionando,
lembrando e esquecendo
como Transmissor Universal.
Ligo o mundo espiritual com o material,
trocando mensagens
e informações entre ambos,
refletindo a face do desejo
ou a Luz do Espírito
com a velocidade do pensamento.
Sou o Tecelão Divino
do Tear Encantado das Estrelas.
Tramo a fazenda do universo
unindo realidades separadas
espalhadas pelo mar do espaço,
em tramas coerentes, maravilhosamente complexas
de cadeias significativas
e conexões vibrantes.
Filho do Deus Vento
vou para diante e para trás
em alta velocidade
de uma parte esquecida do universo
até outra, tecendo
momento a momento.
Sou o Conector Cósmico.
Sou a ligação para os céus.
Senhor dos Livros Divinos,
sou o Escriba do Universo.
Registro todos os eventos vistos e não vistos,
todos os negócios, viagens, progressos,
todo o conhecimento, capacidades e comunicação.
Sou o Mestre dos Disfarces,

um brincalhão, um camaleão,
um ladrão de segredos,
nada me escapa.
Guia dos Poetas e Almas em Transição,
sou a Conexão Cósmica,
a linha da vida da pessoa ao universo.
Use-me.
Ativo potenciais
em cada nervo, célula e átomo.
Sem mim, haveria apenas
o abstrato incompreensível:
o vácuo, que apenas eu
torno vibrante com força vital.
Use-me.

HARMONIZAÇÃO DE VÊNUS

Sou Vênus,
Filha da Lua,
Irmã da Terra,
minha verdadeira forma escondida
pelos véus da ilusão.
Dama de companhia da Grande Mãe,
produzo toda a vida e natureza sobre a Terra.
Sou a Deusa do Amor,
da Beleza generosa.
Planeta da Fortuna, ensino
a prosperidade material
através da preservação dos recursos
e de como utilizá-los.
Inspiro os seres humanos com o desejo
de crescer material e espiritualmente.
Liberto o espírito para que ele cresça.
Sou a Atração.
Sou a Fascinação.
O Encantamento.
Sou o Hipnotizador Erótico.
Faço com que tudo se una
em harmonia sinuosa
e planejamento cheio de graça:
a corte e a união extasiada,
adornos e propriedades,
formas amorosas da natureza,
canções dos pássaros,
cores das flores,

ritmo erótico na grande dança do amor.
Posso mover-me
em rituais de cultura,
empreendimentos mútuos, de partilha
de lançamento de energias transformativas
de criação, seduzindo até a matéria,
criando nova síntese fértil.
Meu poder de sedução é irresistível.
É sinuoso, hipnoticamente calmo,
gentil como um pombo,
persuasivo como um amante ardoroso,
compassivo como uma mãe dilacerada.
Sou o amor invisível do divino.
Eu alastro
e insinuo graça para dentro do coração.
Nasci de espuma quântica
das ondas do oceano do espaço.
Juntando imaginação e realidade,
sustento as artes,
guiando e levando
o pessoal para o universal.
Sou o Espelho Divino
onde todas as formas graciosas,
as curvas sinuosas de flor e lábio,
todos os atos de devoções eróticas e divinas
são apenas uma das facetas cintilantes
do diamante divino do amor universal,
"polegada, pés, tempo, pedras preciosas".
Sou o eterno feminino.

HARMONIZAÇÃO DE MARTE

Sou Marte,
Deus do fogo,
Cavalheiro do Sol,
Diretor da Energia Espiritual
da matéria no mundo material.
Sou o poder procriador,
a inspiração para novas idéias
e projetos progressistas.
Sou Entusiasmo,
Procriador de Paixão,
Planeta do Desejo.
Detono energia dinâmica

para derrubar barreiras,
aceito desafios,
destruo resistência
separando e dividindo
para regar a Terra,
minha irmã celeste,
com dádivas de autoconfiança,
resistência e coragem infinita,
auto-sacrifício e heroísmo.
Sou o Deus da Força Centrífuga.
Transformo desejo em vontade,
ousada e equilibrada,
destruição em poder de curar,
e ânsia de agir
com bom senso e disciplina,
sem as quais nada pode ser realizado
no universo,
e devo ir em frente
sempre.

HARMONIZAÇÃO DE JÚPITER

Sou Júpiter,
o maior e mais majestoso dos planetas.
O Legislador de mil nomes.
O Sol é o meu parceiro silencioso.
Ele ativa todas as formas de vida,
mas não lida diretamente
com a vida humana, como eu.
Sou o Pai Clemente,
o Grande Vizir,
o Senhor Transitório.
Atribuo a todos,
deuses e deusas,
domínio sobre aspectos
da vida Terrestre de acordo
com sua natureza e talentos.
Assim, presido a comunidade de deuses.
Sou o Senhor do Céu,
o Deus da Chuva, o Coletor das Nuvens.
Seguro o trovão com uma mão,
e o grupo da vida na outra.
Sou a Divindade Máxima do Estado.
O Fundador da Sociedade,
Promotor de Rituais e Cerimônias,

Preservador dos Mundos.
Favoreço a religião organizada.
Sou o provedor dos princípios universais
por trás das razões para estabelecer leis.
Sou a Justiça e a Verdade.
Sou um entusiasta.
Sou a Idéja por trás das idéias.
Levanto os olhos,
levo os seres humanos acima de si mesmos,
estimulo a mente a olhar
para além de nomes e formas
buscando propósitos mais profundos e
implicações divinas.
Planeta de Sabedoria, Planeta de Crescimento,
entrego com generosidade e prodigalidade.
Sou efervescente e alegre,
otimista e entusiástico.
Sou glorioso na minha grandeza,
o incorporamento cósmico da luta humana,
a luxúria pródiga da Terra,
todas as aspirações da luta espiritual
até o triunfo final sobre a experiência
ganhando sabedoria, e depois compaixão,
e mais tarde liberdade das Grandes Ilusões.
Sou esse imenso plano,
a Lei Divina da Terra.
Sou eu quem ensina aos seres humanos
a se comunicar com os deuses,
a entrar em contato direto
com a consciência do Ser Verdadeiro.
Deus do Tempo, sou chamado de "Céu Luminoso".
Deus dos Fenômenos Celestes,
chuva, raios, vento e chuvas
estão sob o meu comando.
Sou o Porta-Voz da Abundância,
Planeta da Boa Fortuna.

HARMONIZAÇÃO DE SATURNO

Sou Saturno,
o mais antigo dos deuses.
Criador de leis e do tempo,
Examinador Cósmico e Professor Terrestre,
Antigo Pai Tempo, Ceifeiro,
Tentador, Modelador,

preservador de costumes e leis naturais,
eu solidifico,
crio os vínculos das comunidades,
torno mais lenta a velocidade das moléculas
para que o invisível torne-se visível.
Protejo através da limitação e do tempo,
a segurança através da estrutura:
o óvulo, a crisálida, o esqueleto,
a concha, a pele,
a espinha dorsal.
Planeta de Limitação e Fins,
planeta de Necessidades,
planeta de Grandes Realizações,
de justiça perfeita no tempo,
confino e defino.
Focalizo e concentro energia
de expressão dentro do poder da alma.
Devolvo ao homem o que ele cria.
Minha restrição, malcompreendida,
às vezes áspera e irritadiça,
assegura o crescimento e a sobrevivência.
A liberdade surge
apenas do autocontrole, formado
pelas rodas giratórias do Destino.
Para polir qualquer coisa,
armadura ou caráter,
às vezes é necessário resistência, fricção,
dor e a renovação da morte.
Aqueles que respeitam minha lei e poder
constroem sua concha,
descartam sua armadura,
deixam cair suas máscaras
e, como o grão, são plantados,
moldados, transformados
da morte para a vida.
O espírito é libertado para fora da matéria
e reina supremo e radiante.
Sou preciso, exato e severo.
A cada um o merecido.
A cada um seu dever cumprido.
A cada um a recompensa e vida renovada
à minha medida cósmica.
Sou o Zelador do Relógio Cósmico.
Ensino a primeira lei da manifestação,
a Lei da Limitação e dos Fins,
e das novas estruturas.

HARMONIZAÇÃO DE URANO

Sou Urano,
O que desperta,
O que circunda o universo,
A Centelha do Crescimento Evolucionário,
que abraça todo o Espaço,
Semente dos Céus e da Terra.
Todos os outros deuses são criados
a partir do meu poder.
Sou a conexão consciente
à fonte da vida.
Sou o revolucionário e o não-convencional.
Transformo formas antigas
e arraso estruturas usadas
de paredes saturnianas,
abalo as barreiras do tempo e espaço,
mudo conceitos, destruo ideologias,
torno todas as coisas novas.
Sou elétrico, sou o Despedaçador de Átomos,
revolucionário por natureza,
não-convencional, imprevisto, errático.
Viro tudo de cabeça para baixo.
Romântico excêntrico, procuro
o não-convencional no amor e na beleza,
o surreal na arte.
Deus da Intuição,
minha oferenda é a entrega do fogo mental
do sexto e sétimo sentidos,
pois conheço o pensamento das pessoas
antes mesmo que eles surjam.
Meus pensamentos são revolucionários,
pois sou o Neto do Caos.
Revolucionários e humanistas são meus,
pois desperto a consciência superior,
quebrando tradições,
tornando os momentos atuais
insatisfatórios e inaceitáveis
queimando o antigo
em uma tempestade de fogo pela liberdade.

HARMONIZAÇÃO DE NETUNO

Sou o Dissolvedor,
sou o Mar de Substância
de onde vêm todas as coisas,

e para onde retornam todas elas.
Sou o Mestre do Mar.
Sou o Transportador sobre as Águas do Espaço.
Todos os deuses, humanos e criaturas
nadam no meu mar de consciência cósmica
influenciado, porém, sem consciência,
das correntes e ondas
e alimentos que eles ingerem.
Mergulho o indivíduo
em um propósito maior,
libertando sua personalidade
do subjetivo, do egoísta,
ensinando o amor auto-sacrificado,
relacionando a *anima mundi*,
o grande todo, a Alma de Todas as Coisas.
Mestre do disfarce,
uso uma imensidão de ferramentas:
compaixão, ecos, confusão,
canto, sono, meditação,
oração, encantamento, poder,
fumaça, desejo, sonhos,
lembranças, visões, devaneios,
desilusões, ilusões, fantasias,
o erótico, o bizarro e miragens.
Posso tornar o real irreal.
E fazer o irreal parecer real.
Estimulo, torno sensacional,
atormento com a beleza e o amor
fora de qualquer conceito, para além dos loucos sonhos.
Formo o canal cósmico
para escapar da dura e áspera realidade
da vida, oferecendo um descanso,
uma volta pelo universo, um porto seguro
de bênçãos e paz completas.
Faço os seres humanos sonharem
enquanto ouvem bela música.
Faço-os fundirem-se ao ritmo
enquanto dançam uma cadência.
Sou o Doador do Amor Universal,
purificando com minhas Águas Divinas
o corpo, os sentidos,
as emoções e os pensamentos,
instalando uma profunda vontade
de voltar para casa, para mim,
essência luminosa de Todos os Seres,
submergindo no meu Mar Sagrado.

HARMONIZAÇÃO DE PLUTÃO

Sou Plutão.
O Transformador,
Regenerador.
Sou o Redentor,
que elimina as imperfeições
da alma, para que ela possa ascender
ao Céu para provar as indescritíveis
bênçãos da luz.
Sou o Doador da Totalidade,
Descortinador da Iluminação,
planeta da Grande Transição
Forço para cima e para fora
o que está embaixo, submersas,
em direção à luz,
de pessoas a nações,
o reprimido e o escondido
são tornados conhecidos,
suas energias liberadas,
para seguirem o grande Plano Universal
no papel de energia criativa revelada.
Sou o Grande Eliminador,
o Grande Renovador.
Sou vulcões em erupção,
a bomba que explode,
o rebento germinando da terra,
a Fênix surgindo das cinzas,
a Crisálida,
o repentino Fogo da Iluminação
após as crises e o julgamento.
Sou a Conexão Misteriosa
sob todas as coisas,
o Destino Secreto,
o Alfa e o Ômega,
o Fim
e o Início
do Espírito
no coração de todas as coisas.

★

NOTA
1. Citado por R. B. Tolliton em *Selections from the Commentaries and Homilies of Origen* (Londres: Allen & Unwin, 1923), 64.

CAPÍTULO 7

Os aspectos da transformação

★

Não há momento algum em que dois planetas não estejam relacionados de uma forma ou outra. Eles estão todos juntos no sistema solar. Fazem todos parte do padrão planetário total. Dois planetas estão sempre em alguma fase de relação mútua cíclica. Eles passam a ter um relacionamento particularmente significativo quando sua distância angular um do outro equivale a certos valores. Então, eles passam a formar "aspectos", isto é, passos definidos e/ou pontos importantes do processo.
LEYLA RAEL e DANE RUDHDYAR. *Astrological aspects.*

★

O seu conselho está reunido em uma grande mesa redonda cujo tampo reproduz a roda do Zodíaco. Cada um dos membros do conselho está no ponto do Zodíaco no qual seu planeta arquetípico estava, na hora de seu nascimento.

Você está sentado no meio da roda, mas também pode visualizar a cena ao redor da mesa, a partir do lugar que ocupa cada um dos participantes, no aro. Quando você não está sentado no centro da mesa, quase sempre encontra-se no lugar do Sol — o administrador-chefe.

O conselho toca música. Os intérpretes que estão sentados um ao lado do outro tocam em grande harmonia. Os que se encontram do outro lado da mesa executam as passagens de ponto e contraponto.

Os intérpretes que se encontram nos cantos direitos tocam acordes dissonantes que se integram magnificamente à harmonia total.

Outros intérpretes se olham a partir de outros aspectos que se expressam através da interação harmoniosa de seus temas.

★

A palavra *aspecto* vem do latim *aspicere, aspectum,* que significa "olhar em direção a". *Os aspectos astrológicos são os ângulos entre dois planetas (ou outros pontos importantes) no círculo do Zodíaco.* Eles demonstram as várias maneiras como as energias se relacionam, ou "olham uma para as outras".

Os aspectos podem ser considerados pedaços do círculo zodiacal. Se dividirmos 360 por dois teremos 180, ou seja, metade da "torta" zodiacal. Os planetas que se encontram a 180 graus de distância estão em lugares opostos e se relacionam com a energia típica chamada *oposição*. Como qualquer outro fator em astrologia, o aspecto de 180 graus pode funcionar de forma negativa ou positiva. Mais detalhes na parte sobre oposições.

Se dividirmos 360 por 3, 4, 5, 6, ou qualquer outro número, teremos outros aspectos, cada um com um caráter próprio.

Podemos pensar no Zodíaco como uma oitava musical, sendo os signos as seqüências das notas. Um aspecto seria o intervalo entre o tom de dois planetas (ou outro ponto importante) da escala zodiacal. Cada um dos aspectos reflete as qualidades da relação especialmente harmônica criada por dois tons. Existem várias maneiras de traduzir os aspectos do círculo em intervalos musicais. Pitágoras, Kepler, Gurdjieff e outros já escreveram a esse respeito, e vários músicos astrólogos desenvolveram maneiras de ouvir os tons zodiacais, em vez de simplesmente observá-los.

Como mencionamos antes, a combinação das notas musicais de todos os planetas e outros pontos importantes é o seu horóscopo, um acorde cósmico, o registro que você recebeu da música dos astros no momento de seu nascimento.

A astrologia tem aspectos harmoniosos e dissonantes, como as combinações harmoniosas e dissonantes da música. É mais fácil trabalhar com os aspectos harmoniosos. Porém, pode-se criar uma música bela e forte a partir de acordes dissonantes. Da mesma maneira, pode-se criar uma vida forte e significativa, qualquer que seja o acorde com que se trabalhe. Isto pode ser feito voltando-se para a harmônica superior — o que poderíamos chamar de manifestações mais puras — dos aspectos. Como explicam Marcia Moore e Mark Douglas:

Este pedaço é uma quadratura □, 1/4 do círculo de 360° (90°)

Este pedaço é um trígono △, 1/3 do círculo de 360° (120°).

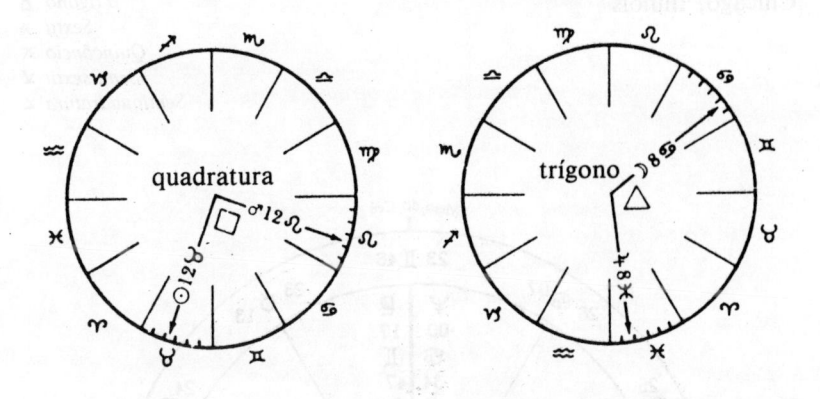

Figura 5. Aspectos de quadratura e trígono. (Mary Orser e Rich e Glory Brightfield, 1984, *Instant Astrology*, San Diego, CA: publicações ACS, 183.)

"O estudo da composição musical, sobretudo o contraponto, fornece uma analogia interessante na medida em que o bom contraponto é a arte da dissonância controlada. A dissonância descontrolada é caótica, enquanto tríades em excesso enfraquecem o impacto da música. A arte do compositor consiste em aproximar, formar e resolver os elementos dissonantes dentro do contexto integral da composição. *A maneira como* o compositor faz isso determina a eficiência da passagem harmoniosa originada da resolução. Música suave criada a partir de passagens 'tempestuosas' é mais genuinamente suave do que medida após medida de consonância ininterrupta, que tende a ficar 'adocicada' demais."[1]

Você talvez possa considerar seu horóscopo como um cristal, cujas faces sejam definidas pelos aspectos entre os planetas. Que tipo de cristal seria você?

Você pode transformar a dinâmica dos aspectos do seu horóscopo como faz com os signos e planetas. Não precisa saber exatamente os aspectos que estão sendo negativos para você. Entretanto, seu horóscopo natal mostra os aspectos fortes do seu padrão e aquilo a que você deve prestar mais atenção.

Walt Disney
5 de dezembro de 1901
Aprox.: meia-noite e meia
Chicago, Illinois

Conjunção ☌
Quadratura □
Oposição ☍
Trígono △
Sextil ✶
Quincôncio ⚻
Semi-sextil ⎵
Semiquadratura ∠

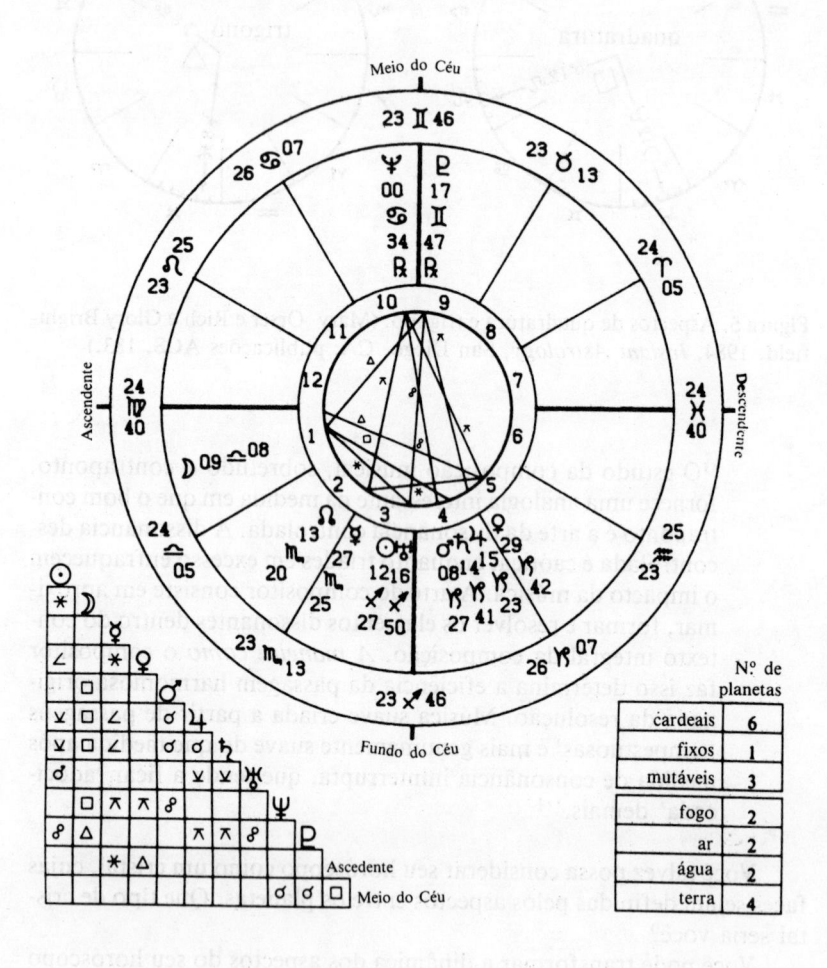

Figura 6. Horóscopo de Walt Disney. (Mary Orser e Rick e Glory Brightfield, 1984, *Instant Astrology*, San Diego, CA: publicações ACS)

Quando o número de graus entre dois pontos do horóscopo forma um aspecto exato, sua energia é forte. Mas, se os pontos estiverem abaixo ou acima do ponto, o aspecto ainda funciona nessa órbita, embora com menos intensidade quanto maior for a distância do ponto exato.

O significado de cada um dos aspectos também se relaciona não apenas com os intervalos musicais e os padrões geométricos, mas também com o simbolismo numérico. Famílias de números se relacionam com famílias de intervalos musicais e com famílias de aspectos. Vamos apresentar não só as famílias de aspectos e os aspectos individuais, que são os chamados maiores, como também muitos dos aspectos menores. As palavras-chave para cada um dos aspectos estão grifadas. Elas podem ser combinadas com as palavras-chave dos planetas conjugadas com os aspectos. Essas "orações" astrológicas facilitam a compreensão das oportunidades de combinações.

FAMÍLIAS DE ASPECTOS

A. **Conjunção** de um círculo de 360° dividido por 1.
B. **Aspectos difíceis ou duvidosos da Série de 2**, 1/2, 1/4, 1/8 do círculo.
C. **Aspectos suaves ou harmoniosos da Série de 3**, 1/3, 1/6, 1/9 do círculo.
D. **Aspectos da Série de 12**, 1/12 e 5/12 do círculo.
E. **Aspectos da Série de 5**, 1/5 e 2/5 do círculo.
F. **Aspectos da Série de 7**, 1/7, 2/7 e 3/7 do círculo.
G. **Não-aspectos:** divisões do círculo que não são números inteiros menores.

A. CONJUNÇÃO ☌ 360° OU 0°

O círculo de 360° ou 0°, dois pontos que se encontram no Zodíaco.

Significado simbólico das conjunções. Uma unidade enfatizada, duas energias que se reforçam mutuamente e se expressam através de uma ação dinâmica, concentrada. O final (a realização) de um ciclo e o começo de outro. União.

Expressões harmoniosas das conjunções. Expresso o poder, os potenciais e os dons das conjunções do meu horóscopo: *energia concentrada, unificada, que, ao mesmo tempo, satisfaz e inicia.*

B. SÉRIE DE 2 OU ASPECTOS *DIFÍCEIS*

Dividir o círculo em 2, 4 e 8. Os aspectos resultantes são:

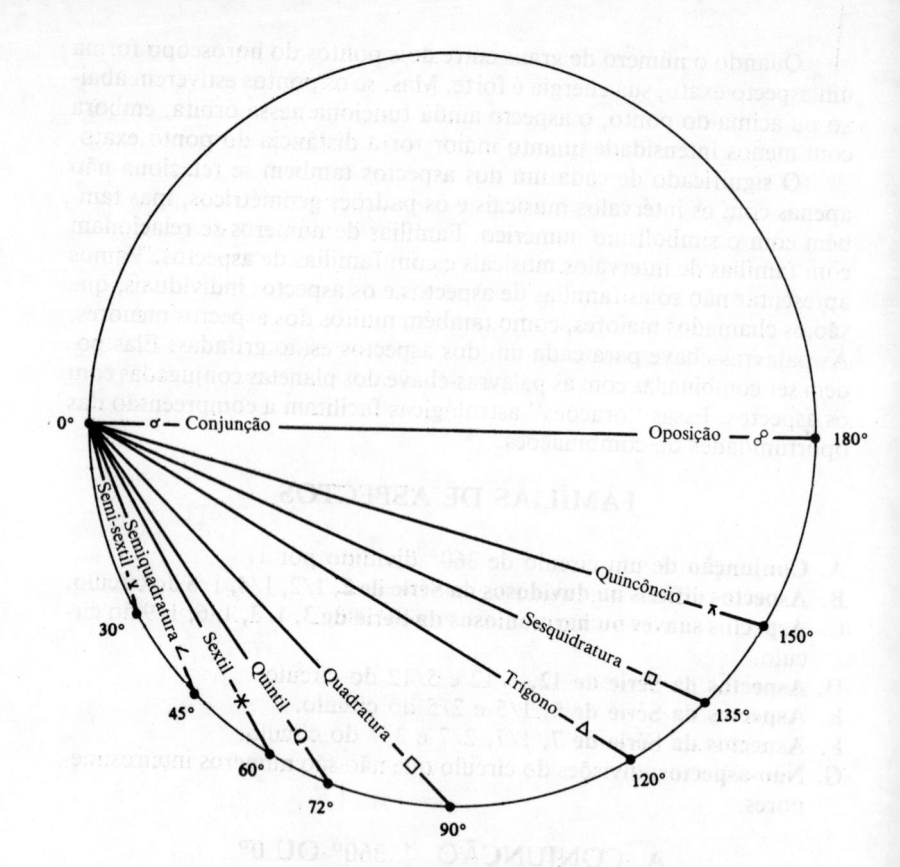

Figura 7. Mapa dos aspectos.

oposição, 180° (360° dividido por 2);
quadratura, 90° (360° dividido por 4);
semiquadratura 45° (360° dividido por 8);
sesquiquadratura (uma quadratura e meia), 135° (360° dividido por 4 + 360° dividido por 8);
outros aspectos menores desta série.

Os antigos dividiam de forma simplista os aspectos entre *negativos* e *positivos*. Eles consideravam a série de 2 negativa ou *maléfica*, pois esses aspectos desafiam a pessoa a resolver fluxos de energia bastante diferentes. Mas, para usar nossa analogia musical: o bom contraponto é a arte da dissonância controlada.

Os astrólogos modernos cada vez mais acreditam que os aspectos da série de 2 significam potenciais positivos importantes que não são associados com os aspectos positivos tradicionais (a série de 3, a ser descrita adiante).

Os planetas e outros pontos do Zodíaco que se relacionam aos aspectos da série de 2 têm um relacionamento *dinâmico* entre si. Eles desenvolvem a *consciência* das diferentes qualidades de suas energias, uma *tensão criativa*, resolvida pelas diferentes qualidades de suas energias, através de ação e manifestação.

Oposição ☍ 180° (360° dividido por 2)
Dois pontos em oposição no círculo zodiacal formam uma *oposição*. Eles se relacionam como uma polaridade, equilibrando-se mutuamente e interagindo diretamente.

Significado simbólico das oposições. Polaridade, equilíbrio, interação entre opostos: escuro-claro, *ying-yang*, interno-externo. O ponto central de um ciclo, a culminação, o final da fase ascendente (crescente) e o início da fase descendente (decrescente).

Expressões harmoniosas das conjunções. Expresso o poder, os potenciais e os dons das oposições do meu horóscopo. Tenho a *percepção consciente* das diferentes energias — dentro de mim e entre mim e os outros. Vivencio a mim mesmo através da interação com os outros, transformando tensões criativas em harmonias. Participo de *relacionamentos criativos* entre mim e os outros e entre minhas diversas energias internas. Motivo-me a me *manifestar* com *ação dinâmica*.

Quadratura □ 90° (360° dividido por 4)
Dois pontos situados a um quarto de círculo um do outro.

Fase do ciclo. Ponto de equilíbrio do relacionamento entre duas energias. O ponto central importante da fase de ascendência ou descendência. Reorientação.

Semiquadratura ∠ 45° (360° dividido por 8)
Dois pontos situados a um oitavo de círculo um do outro.

Sesquiquadratura ⚼ 135°
(360° dividido por 8 e multiplicado por 3)
Dois pontos situados a 45° um do outro, uma quadratura e meia. A semiquadratura e a sesquiquadratura têm uma função bastante semelhante à da quadratura.

Significado simbólico das quadraturas, semiquadraturas e sesquiquadraturas. Contraste entre duas energias, percepção consciente da diferença. Escolhas. Reorientação.

Expressões harmoniosas das quadraturas, semiquadraturas e sesquiquadraturas. Expresso o poder, os potenciais e os dons das quadraturas do meu horóscopo: *enfrento os desafios de maneira honesta.* Discrimino as possibilidades, tomo as *decisões certas* e sou *motivado* para ir na *direção certa.* Sou uma pessoa *consciente.*

C. SÉRIE DE 3, ASPECTOS *SUAVES*

Divide o círculo por 3, 6, 9 etc. Os aspectos resultantes são:

trígono, 120° (360° dividido por 3);
sextil, 60° (360° dividido por 6);
novil, 40° (360° dividido por 9);
outros aspectos menores desta série.

Os aspectos da série de 3 são geralmente chamados de *suaves* ou *harmoniosos.* Esses aspectos eram considerados pelos antigos astrólogos como afortunados ou *benéficos,* pois representam o funcionamento harmonioso das energias. Porém, esses aspectos *benéficos* não possuem o potencial dinamicamente motivador dos aspectos ditos *maléficos* da série de 2. Ou seja, cada uma das séries de aspectos tem potenciais positivos e negativos — tudo vai depender da maneira de usá-los!

Trígono △ 120° (360° dividido por 3)
Dois pontos situados a 120° um do outro.

Significado simbólico dos trígonos. Interações complementares e estáveis entre duas energias. Calma, perspectiva, harmonia natural, expressão criativa, interação suave de energias.

Expressões harmoniosas dos trígonos. Expresso o poder, os potenciais e os dons dos trígonos: minha vida *flui suavemente* pela *cooperação criativa* de energias diferentes.

Sextil ⚹ 60° (360° dividido por 6)
Dois pontos situados a 60° um do outro.

Significado simbólico dos sextis. Oportunidade de percepção criativa e impulsos, talentos, síntese construtiva, introspecção, compreensão.

Expressões harmoniosas dos sextis. Expresso o poder, os potenciais e os dons dos sextis: enxergo as *oportunidades positivas,* expresso meus *talentos e percepções criativas* de maneira construtiva.

Novil N **40°** (360° dividido por 9)
Dois pontos situados a 40° um do outro.

Binovil BiN **80°** (360° dividido por 9 e multiplicado por 2)
Dois pontos situados a 80° um do outro.

Quadrunovil QN **160** (360° dividido por 9 e multiplicado por 4)
Dois pontos situados a 160° um do outro.

Significado simbólico dos novis, binovis e quadrunovis. Sendo uma harmonia superior do trígono, os novis ligam entre si as energias criativas internas e externas. Um exemplo disso é "a identificação do ser com um objetivo e função relacionados ao esquema global e universal".[2]

Expressões harmoniosas dos novis, binovis e quadrunovis. Expresso o poder, potenciais e dons dos novis: minhas *idéias se concretizam* de maneira *graciosa*, meus *ideais espirituais* se expressam na *realidade*. Minhas *energias internas e externas se relacionam criativamente*.

D. ASPECTOS DA SÉRIE DE 12

Semi-sextil ⊻ **30°** (360° dividido por 12)
Dois pontos situados a 30° de distância um do outro.

Quincôncio ou Inconjunção ⊼ **150°**
(360° dividido por 12 e multiplicado por 5)
Dois pontos situados a 150° um do outro.

Significado simbólico dos semi-sextis e quincôncios. Conexões dinâmicas, porém potencialmente estáveis, entre energias bastante diferentes, cada uma delas com sua importância específica. Focalização da visão.

Expressões harmoniosas dos semi-sextis e quincôncios. Expresso o poder, os potenciais e os dons dos aspectos de séries de 12: *estou consciente* e presto a *devida atenção* às *energias contrastantes* da minha vida, para que *cada uma delas possa funcionar de maneira eficaz*.

E. ASPECTOS DA SÉRIE DE 5

Quintil Q **72°** (360° dividido por 5)
Dois pontos situados a 72° um do outro.

Biquintil BiQ **144°** (360° dividido por 5 e multiplicado por 2)
Dois pontos situados a 144° um do outro.

Significado simbólico do quintil e do biquintil. Manifestação de visões. A imaginação se liga profundamente à compreensão. Antigas técnicas se relacionam a um novo impulso. Criatividade, satisfação do potencial pessoal, transformação.

Expressões harmoniosas do quintil e do biquintil. Expresso o poder, os potenciais e os dons dos aspectos da série de 5: minha *imaginação* liga-se à *compreensão*. Manifesto visões de forma criativa, satisfaço meu potencial harmoniosamente. Eu *transformo*.

F. ASPECTOS DA SÉRIE DE 7

Septil S 51° 26'(360° dividido por 7)
Dois pontos a um sétimo do círculo um do outro.

Bissestil BiS 102° 51' (360° dividido por 7 e multiplicado por 2)
Dois pontos a dois sétimos um do outro.

Trisseptil TriS 154° 18' (360° dividido por 7 e multiplicado por 3)
Dois pontos a três sétimos do círculo um do outro.

Significado simbólico do septil, bisseptil e trisseptil. Surgimento obrigatório de categoria superior, destino superior, autoconhecimento, sabedoria, contemplação.

Expressões harmoniosas de septil, bisseptil e trisseptil. Expresso o poder, os potenciais e os dons dos aspectos da série de 7: *entro em contato com a inspiração criativa,* meu *direcionamento espiritual,* meu *relacionamento pessoal* com o *todo.* Eu *sinto* que meu destino e minhas *ações servem a um propósito maior.*

NÃO-ASPECTOS

Como vimos, os aspectos são a harmonia do círculo. Os aspectos que funcionam melhor são os que dividem os 360 graus por números menores: 1, 2, 3 e 4. Além disso, os aspectos formados pela divisão do círculo por 5, 6, 7 e 12 também podem ser importantes quando chegam a ser exatos. A harmonia de todas essas divisões do círculo (5/12, 3/7, por exemplo) pode ter um significado importante.

Se os aspectos fossem traduzidos em tons musicais, poderíamos ouvir claramente a relação harmoniosa dos aspectos mais fortes. Os menos fortes se relacionam mais em sobretons do que diretamente.

Em teoria, dois pontos do círculo ligados entre si têm sempre uma qualidade específica do seu relacionamento, mesmo que seja apenas nos tons superiores. O que chamamos de *não-aspectos* são as relações entre dois pontos cuja distância não seja apenas uma fração do círculo.

Significado simbólico dos não-aspectos. Energias ligadas por *sobretons superiores* em nível *subconsciente*.

Expressões harmoniosas dos não-aspectos. Expresso o poder, os potenciais e os dons de todas as ligações entre os pontos do meu círculo de horóscopo. Suas *conexões* nos *sobretons superiores se expressam de forma criativa* em minha vida.

RESUMO

1. Os aspectos astrológicos são os ângulos entre dois planetas (ou outros pontos importantes) no círculo do Zodíaco. Os aspectos podem ser considerados pedaços do círculo zodiacal.
2. Podemos pensar no Zodíaco como uma oitava musical, sendo os signos as seqüências das notas. Um aspecto seria o intervalo entre o tom de dois planetas (ou outro ponto importante) da escala zodiacal.
3. A combinação das notas musicais de todos os planetas e outros pontos importantes é o seu horóscopo, um acorde cósmico, o registro que você recebeu da música dos astros no momento de seu nascimento.

★

NOTAS
1. Marcia Moore e Mark Douglas, *Astrology, the Divine Science* (York Harbor, Maine: Arcane Pub., 1971), 414.
2. Bil Tierney, *Dynamics of Aspect Analysis* (Reno, Nevada: CRCS Publications, 1980), 54.

CAPÍTULO 8

As casas da transformação

★

Cada casa astrológica simboliza um tipo básico da experiência humana.
DANE RODHYAR. *The Astrological Houses.*

★

No ciclo das casas, o processo de transformação é "trazido de volta à terra", tornando-se muito pessoal, e se aplica diretamente aos detalhes íntimos de nossa vida. Onde os planetas demonstram que o ponto de referência central do ego deve ser transformado psicologicamente e os signos demonstram a natureza básica da transformação de energia, as casas nos mostram como o padrão de transformação torna-se um caminho pessoal para cada um de nós.
TIM LYONS. *Astrology Beyond Ego.*

★

É o momento de seu nascimento. Sua consciência está no seu corpo de bebê, que passa a receber uma quantidade imensa de informações vinda de todos os sentidos.

Você esteve flutuando, livremente, embalado em conforto úmido, ouvindo os batimentos amortecidos e contínuos do coração de sua mãe e o zunido de seu sangue, sons próximos que o cercam.

Você vê debilmente a cor mudar para vermelho incandescente.

Agora, todos os sentidos estão mandando a mesma mensagem prodigiosa: *você está entrando num mundo novo*.

Você sente pressões, os fluxos do ar, as mudanças de temperatura. A primeira respiração lá do fundo dos pulmões, o ar para o qual você nasceu. A porta arterial que vai do cordão umbilical ao coração se fecha. Não se reabrirá. Não é mais necessário que seu sangue seja purificado dentro do corpo de sua mãe — agora, isso acontece através de seus pulmões.

Você ouve, com repentina clareza e volume, uma mistura complexa de sons, vozes, inclusive a sua própria.

A luz aumenta de intensidade, e você vê uma grande gama de cores e contrastes.

A entrada de todos os sentidos no momento do nascimento acrescenta-se à gravação básica, que contém temas que serão levados a cabo de diversas maneiras, no decorrer de sua vida.

★

Agora, em vez de sentir o ambiente, as pessoas e circunstâncias de seu nascimento, você se identifica com seu ser mítico. Seu local de nascimento é um ponto focalizado nos céus adjacentes. Sua consciência é um momento especial de espaço e tempo na consciência multidimensional de Gaia. O acorde cósmico daquele momento é a gravação básica de sua consciência e, mais no fundo, está sempre soando sob a música cósmica do presente.

Nesse momento de seu nascimento, seu ser mítico olha para o leste e recebe a força e as dádivas do signo ascendente. Você também sente, caindo sobre a cabeça, a energia do signo que começa a atingir seu ponto culminante. Você olha o signo se pondo no horizonte ocidental, e sente o signo cujas energias o atingem através do coração da Terra.

Você observa a posição do Sol, da Lua e dos planetas no Zodíaco e a maneira como essa conjunção está orientada para o local e o momento de seu nascimento. Você ouve o acorde cósmico.

Sua consciência retorna à mesa redonda e você observa os membros do conselho planetário ao redor da mesa que reproduz a configuração celeste da hora de seu nascimento. Você vê que cada um dos membros do conselho faz seu trabalho no estilo do território zodiacal em que ele vive, e que cada um deles é também influenciado pela posição que ocupa ao redor da mesa em relação à posição do outro.

Além disso, cada membro do conselho se interessa por um ou mais dos doze departamentos mais importantes do governo continental (relações interiores, exteriores, fazenda, etc.). De uma maneira ou outra, todos os departamentos estão cobertos, embora os membros do conselho sejam mais ativos em alguns departamentos do que em outros.

★

Como vimos anteriormente, os signos do Zodíaco cortam o círculo do horóscopo, como uma pizza, em doze porções iguais. Mas há uma outra configuração de doze pedaços, sobrepostos ao círculo zodiacal. Trata-se das *casas do horóscopo*.

O Zodíaco mostra *setores específicos do segundo plano dos pontos estelares*. Por outro lado, a configuração da *casa* mostra *de que forma o Zodíaco estava orientado para a Terra no momento e local do nascimento*. Em outras palavras, em um dado momento, os planetas se encontram nas mesmas posições *zodiacais*, qualquer que seja o lugar da Terra. Mas essa configuração do Zodíaco é vista a partir de um *ponto de vista diferente, dependendo do lugar da Terra*.

Por exemplo, digamos que você nasceu ao nascer do sol. O Sol no seu horóscopo estará a leste na configuração das casas. Entretanto, se tivesse nascido no mesmo momento, do outro lado do globo, a precisamente 180 graus de longitude do seu lugar de nascimento real, o Sol estaria se pondo. As conjunções planetárias do *Zodíaco* seriam exatamente as mesmas, mas o que está *acima* do horizonte em um horóscopo estaria *abaixo* do horizonte em outro. É essa diferença de *orientação da Terra* (literalmente o *curso oriental*) que determina a roda das casas. Portanto, se a hora do nascimento não é conhecida, as casas não podem ser determinadas, mesmo que as posições dos planetas no Zodíaco possam ser razoavelmente conhecidas, simplesmente com base na data do nascimento. (Durante o dia, o movimento dos planetas em relação ao Zodíaco é suficientemente pequeno para que não modifiquem os signos ou aspectos. A exceção é a Lua, que se move de doze a quinze graus por dia.)

Como foi descrito anteriormente, os planetas se referem a tipos de energia, os signos se referem a maneiras características de expressão dos planetas, ao passarem pelos signos, e os aspectos entre os planetas mostram como energias diferentes se relacionam umas às outras.

As casas são as diferentes áreas da experiência de vida onde a energia é expressa, como a personalidade, os recursos, a comunicação, os princípios pessoais, a auto-expressão criativa, padrões de trabalho e os relacionamentos pessoais.

As casas se orientam para o eixo do horizonte e do meridiano no momento e local de nascimento. Esses quatro pontos são chamados *ângulos* do horóscopo. O eixo do horizonte passa do *ascendente* ao *descendente*. O ascendente é o grau zodiacal que estava nascendo no leste no momento e local de nascimento da pessoa. O ascendente indica a Primeira Casa da pessoa. O descendente, o grau zodiacal que estava se pondo no oeste no momento do nascimento, é o ponto que marca o início da Sétima Casa e está a 180 graus do ascendente.

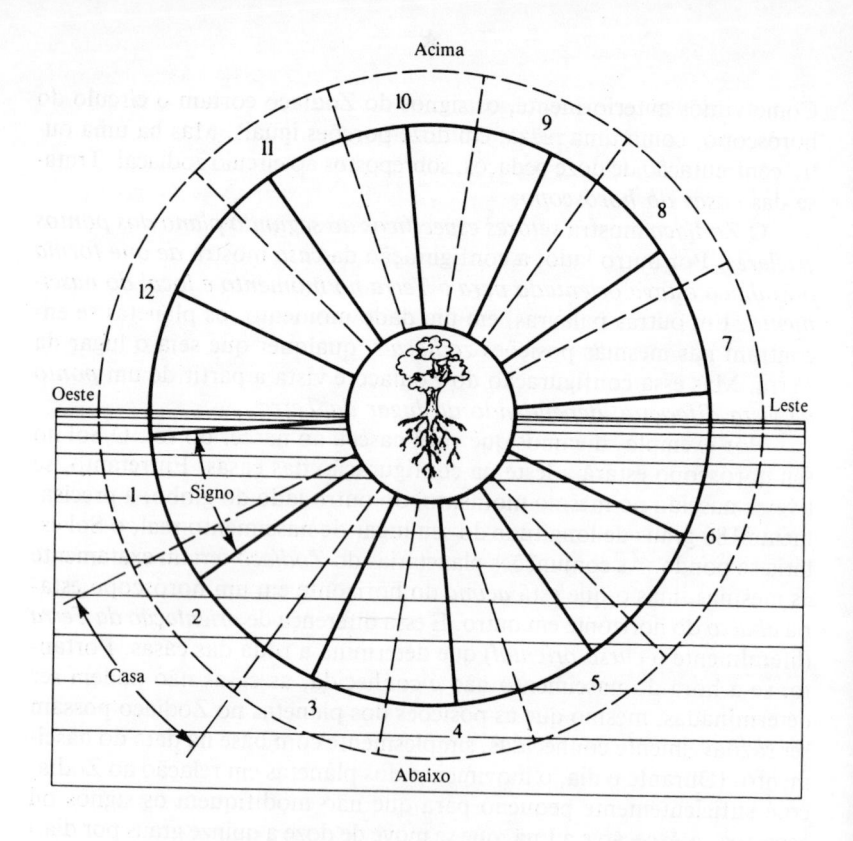

Figura 8. Variações entre casas e divisões do Zodíaco.

Os outros dois ângulos são o do *Meio do Céu* (geralmente abreviado M.C., do latim *medium coeli*), que corresponde ao grau do Zodíaco que estava atingindo seu ponto culminante em cima, iniciando a décima casa, e o I.C. (do latim *imum coeli*, fundo do céu), que corresponde ao grau zodiacal que estava passando pela parte mais inferior através da terra, iniciando a quarta casa.

As outras oito casas são distribuídas entre esses ângulos. (Existem várias maneiras de determinar onde começam as casas cúspides intermediárias, produzindo diferentes graus no Zodíaco.) Como os signos do Zodíaco, as casas movem-se em sentido contrário ao relógio, na roda do horóscopo.

As casas podem ter tamanhos irregulares, algumas com mais graus do que outras. Uma casa não tem de começar no início de um signo, mas pode começar em qualquer grau do Zodíaco.

A seguir, indicamos o significado simbólico e a harmonização de cada casa. As palavras-chave são indicadas em itálico. Para entender como uma casa funciona em cada caso particular, podem-se combinar essas palavras com as dos signos zodiacais e dos planetas da casa.

CASA UM

A Casa Um começa no horizonte leste com o Ascendente.

Significado simbólico. Personalidade — como a pessoa interage com o mundo, a aparência física, a impressão que ela dá e sua imagem projetada.

Harmonização. Expresso o poder, os potenciais e dons da minha Primeira Casa: olho para o leste. Sinto o que vai levantar do ser profundo e vejo o que está emergindo, surgindo. Sou *orientado*. Projeto minha *imagem particular* daquilo que está ascendendo de maneira *clara e elegante*, para que outros vejam quem sou eu e possam relacionar-se de forma positiva comigo.

CASA DOIS

Significado simbólico. Recursos e valores, e atitudes em relação a eles. Estão aí incluídas as posses e rendas.

Harmonização. Expresso o poder, potenciais e dons da minha Segunda Casa: olho para o leste, e sinto que já emergiu do ser interior, porém ainda está abaixo do horizonte. *Reconheço meus talentos e recursos, desenvolvendo-os de maneira eficaz e criativa. Administro meus bens e finanças de forma construtiva e realista, usando-os para me dar satisfação.*

CASA TRÊS

Significado simbólico. Relações com o ambiente onde vive, inclusive vizinhos e parentes (exceto os pais e cônjuges). Experiências concretas de aprendizado, maneiras normais de comunicação e trânsito nos lugares conhecidos.

Harmonização. Expresso o poder, os potenciais e dons da minha Terceira Casa: estou deitado de bruços sobre a Terra, olhando para baixo. Sinto a primeira aparição do que estou aprendendo com o meu profundo ser. *Aprendo bem, raciocino de maneira clara e comunico minhas intuições de maneira eficaz. Meu relacionamento com as pessoas e lugares conhecidos são satisfatórios e bem feitos.*

CASA QUATRO

A Casa Quatro começa no I.C. (fundo do céu), o grau do Zodíaco que passava pelo local mais profundo da Terra.

Significado simbólico. Seus princípios, de onde você veio, o chão que o sustenta, as pessoas que o alimentam, o subconsciente, as raízes da sua personalidade, o passado, a segurança, a casa.

Harmonização. Expresso o poder, os potenciais e dons da minha Quarta Casa: estou de bruços, olhando para baixo. Sinto a segurança e a paz do centro da Terra. *A paz e a segurança moram no ser interior.* Onde quer que eu esteja, e o que esteja fazendo, sinto-me *em casa. Com minhas raízes no profundo poço que me alimenta, minha vida cresce e floresce.*

CASA CINCO

Significado simbólico. As expressões criativas, procriativas e recreativas. O que se gosta, senso de humor, senso estético. Tudo o que é criado, inclusive a parte infantil dentro da pessoa e seus filhos de verdade.

Harmonização. Expresso o poder, os potenciais e dons da minha Quinta Casa: olho para o oeste, sentindo os *jogos criativos* flutuando dentro do meu *coração interior.* Aprecio a beleza e *crio a beleza, simplesmente, a partir do centro do meu coração. A criança que vive em mim brinca enquanto o adulto cria.* Vivo de forma espontânea, às vezes, correndo riscos que meu guia interior sabe valerem a pena.

CASA SEIS

Significado simbólico. Os relacionamentos com os sistemas de apoio à vida, que fazem os objetivos serem atingidos. O impacto das experiências. Os padrões de trabalho, como funcionam os veículos de expressão, inclusive o corpo. De que forma se é discípulo e de que forma os outros são discípulos. Como se é curado e como se cura. Os serviços feitos para os outros e recebidos dos outros.

Harmonização. Expresso o poder, os potenciais e dons da minha Sexta Casa: olho para o oeste e sinto o que acabou de se pôr no horizonte, o ponto de ligação da consciência dos "Céus" externos e meu ser interior da "Terra". *Trabalho de maneira clara e eficaz,* sob quaisquer circunstâncias, aprendendo com os outros e servindo-os, e também *ensino e recebo serviços* deles. Meu *sistema de apoio de vida*, minhas atividades e minhas formas de expressão, inclusive meu corpo, *funcionam de forma suave e benéfica.*

CASA SETE

A Casa Sete começa no horizonte oeste, com seu Descendente.

Significado simbólico. Como você experimenta os relacionamentos pessoais, as relações "Eu-Você", os tipos de energia que você projeta sobre os outros e recebe deles. Padrões de oposição e equilíbrio de energias opostas. Energias que parecem separadas de você, mas que o definem. Sua experiência de parcerias que servem a um objetivo maior.

Harmonização. Expresso o poder, os potenciais e dons da minha Sétima Casa: olho para o oeste e vejo aquilo que minha consciência externa transmite à minha consciência interna. Sinto-me *tomado pela dança dinâmica de energias flutuando entre mim mesmo e o outro, entre as partes de mim mesmo com as quais me identifico e as partes que parecem separadas de mim. Eu equilibro e crio.*

CASA OITO

Significado simbólico. Transformação. Circunstâncias internas ou externas e pessoas que são responsáveis pelo fim de antigos padrões e o início de novos. A morte e o renascimento, renovações, novos níveis de consciência. Os expedientes de novos relacionamentos, inclusive a renda e os bens mútuos.

Harmonização. Expresso o poder, os potenciais e dons da minha Oitava Casa: olho para o oeste e vejo aquilo que equilibra minha experiência de indivíduo com minha experiência de profunda conscientização. Aceito os fins da minha vida, pois eles limpam o caminho para novos começos. *Minha consciência e vida são renovadas, transformadas de forma criativa. Meus relacionamentos — entre as minhas características internas e entre mim e os outros — geram recursos e poder para desempenhos produtivos.*

CASA NOVE

Significado simbólico. Conexões com horizontes mais largos, padrões universais, compreensão da verdade, expansão da consciência. Educação, professores e viagens que trazem maior percepção, que devem ser transmitidas aos outros.

Harmonização. Expresso o poder, os potenciais e dons da minha Nona Casa: estou deitado de costas, olhando para cima. Minha consciência interior une o que acaba de emergir, acima de mim, a partir do ponto culminante da consciência externa e superior, iluminando o mundo abaixo de mim. Os padrões universais da minha consciência celeste iluminam os padrões pessoais da minha consciência terrestre. *Os largos horizontes que vejo expandem minha consciência pessoal e trazem-me a compreensão de verdades que iluminam minha própria vida e que posso compartilhar com os outros.*

CASA DEZ

A Casa Dez começa no Meio do Céu (*medium coeli*) ou M.C., o grau do Zodíaco que atinge seu ponto culminante na parte superior.

Significado simbólico. Relação com a sociedade, atividades públicas, empreendimentos, honra. Vocação, desempenho. Experiências de sabedoria do "Ser Celestial", figuras importantes na vida da pessoa e seu próprio papel de importância.

Harmonização. Expresso o poder, os potenciais e dons da minha Décima Casa: estou deitado de costas, olhando para cima. Sinto o padrão do meu Ser terrestre inferior abaixo de mim, enquanto ele reflete e é refletido pelo meu ser celeste superior. O Ser terrestre interior e o ser celeste exterior unem-se no florescimento da minha vida. *Atinjo meus objetivos e desempenho minhas funções públicas de maneira criativa e eficiente, aumentando o nível do meu desempenho para minha grande satisfação.* Entro em contato com o uso correto da autoridade, seja dos outros em relação a mim, ou de mim em relação aos outros.

CASA ONZE

Significado simbólico. Causa comum com os outros. Relacionamentos com aqueles com os quais se compartilham interesses, ideais, aspirações e visões criativas.

Harmonização. Expresso o poder, os potenciais e dons da minha Décima Primeira Casa: estou olhando para o leste, observando o que está no meio entre o meu *Eu* consciente pessoal e a minha consciência transcendente. A criança dentro de mim brinca com os outros, enquanto eu crio com os outros. *Desempenho a partir do meu coração, com perfeição, minha função na orquestra humana, e a música que fazemos sai do centro onde nossos corações se unem.*

CASA DOZE

Significado simbólico. Onde os padrões da consciência terrestre interior se manifestam na consciência celeste exterior.

Harmonização. Expresso o poder, os potenciais e dons da minha Décima Segunda Casa: estou olhando para o leste, observando o que acaba de nascer acima do horizonte, para a luz, de dentro do meu ser terrestre interior. Aceito o que está surgindo e vejo como as energias do meu ser terrestre interior integram as energias do ser celeste exterior, de forma criativa, como parte de um todo. *Minhas energias ocultas se manifestam de forma exemplar, satisfatória e construtiva, em concordância com as energias universais.*

RESUMO

1. É essa *orientação da Terra* (literalmente o *curso oriental*) que determina a roda das casas.
2. As casas se orientam para o eixo do horizonte e do meridiano no momento e local de nascimento. Esses quatro pontos são chamados de *ângulos* do horóscopo.
3. As casas são as diferentes *áreas da experiência de vida* onde a energia se expressa, como a personalidade, os recursos, a comunicação, os princípios pessoais, auto-expressão criativa, padrões de trabalho e relacionamentos pessoais.

CAPÍTULO 9

O futuro transformador

★

*Nossa tarefa não é a de prever acontecimentos.
É a de criá-los.*
STEVEN FORREST. *The Changing Sky.*

★

Você está parado sob as estrelas.

Em sua profunda consciência, a configuração celeste do seu nascimento pode ser visto e seu acorde cósmico especial, ouvido.

Sua consciência focaliza a posição dos planetas agora no céu, e você ouve a música cósmica sendo tocada.

A posição em segundo plano nos céus é composta de estrelas de espaço profundo.

A posição sempre em movimento do primeiro plano é formada pelo Sol, pela Lua e planetas, enquanto se movimenta através da interação complexa de ciclos.

Você se concentra no ciclo de *dia e noite* e sente suas fases mutantes enquanto a esfera do céu inteiro gira ao seu redor.

Você muda a consciência para o ciclo do *mês* e observa a Lua, enquanto ela se afasta do seu encontro com o Sol, com sua forma crescendo e preenchendo, até que ela se torna uma reflexão perfeitamente redonda e plena. Você vê o declínio de sua imagem, enquanto mais uma vez ela se aproxima do Sol.

Você passa à consciência *anual* e observa o ciclo das estações, começando na escuridão e morte do inverno, até a luz e crescimento da plenitude do verão, seguindo-se de uma luz decrescente e mudança de energia, em direção às raízes e cultivo das sementes para o próximo ciclo de crescimento.

Sua consciência se desloca através dos ciclos mais lentos dos planetas, parando um instante no ano de Júpiter, que corresponde a doze dos anos solares. Sua profunda consciência vê em que parte do ciclo se encontrava Júpiter quando você nasceu, e você olha para cima, tentando localizar sua luminosa presença no céu.

Você ressoa com o ciclo de 29 anos de Saturno, sentindo a importância de suas fases, refletidas em sua vida. Você o vê no céu, o Saturno dos lindos anéis, o mais lento dos planetas visíveis.

Urano explode em sua consciência, e você se volta para o seu ciclo de 84 anos de acontecimentos extraordinários.

Você sonha através do ciclo de 165 anos de Netuno, sabendo que vivenciará apenas parte dele em sua vida, aceitando-o com uma consciência além da realidade normal, porém permeada de espírito e beleza.

Você toca o ritmo lento de Plutão, o mais distante dos planetas — Plutão leva 248 anos para completar seu círculo. Suas visitas e fases marcam pontos importantes de sua vida, cuja presença é às vezes sentida vinda das profundezas da terra, como um vulcão ou terremoto — um grande poder transformador que causa finais que limpam o caminho, para em seguida possibilitar novos começos.

Você se concentra de novo na configuração atual do sistema solar e seu acorde cósmico atual, ouvindo as harmonias complexas criadas com seu acorde cósmico de nascimento.

Em seguida, você abre as efemérides — o livro que mostra o futuro dos padrões planetários — e olha a partitura da futura música cósmica.

Você e seu conselho estão tocando a música cósmica. A partitura fornece os acordes básicos para cada seqüência e indica que partes da orquestra devem tocar.

Seu grupo improvisa em cima dessa partitura.

Às vezes, as seqüências são suaves, harmoniosas e fluem naturalmente.

Às vezes, você deve atingir o máximo que a música pode dar.

Alguns compassos são ligeiros; outros, lentos.

Alguns enfatizam o baixo; outros, o agudo.

Algumas seqüências têm ritmos sempre diferentes e outras, uma batida de fundo constante.

Você ouve os músicos interpretando a partitura com seus instrumentos e estilo próprio.

Nesse momento, vocês todos estão naquele estado mágico, em que todos tocam como se fossem um só. A música aumenta de intensidade, chega ao clímax, e você sente o alívio, um arrepio de alegria, tendo tocado em harmonia perfeita.

Você sabe pela partitura quais são as próximas seqüências e fica na expectativa, entusiasmado e alegre, de tocar e ouvir a música.

★

Você está no conselho, recebendo os relatórios sobre o estado do continente. Todos os membros do conselho sentam-se em seus lugares habituais, ao redor da mesa.

Eles lhe contam a respeito do que acontece em seus territórios, falam sobre os progressos obtidos em seus departamentos, e fazem projeções para o futuro.

Um dos membros do conselho comenta uma situação que está aumentando de intensidade. Vocês discutem as providências para sanar esse problema.

Um dos membros do conselho conta que no próximo mês ele receberá, em seu território, a visita de um embaixador, também membro do conselho. Os dois tratarão de negócios importantes. Você e os membros do conselho discutem as providências a serem tomadas e as áreas que precisam de mais atenção. Você pensa no que poderá ser decidido durante a reunião.

★

COMO A ASTROLOGIA PREDIZ O FUTURO

Pessoas de todos os lugares e origens observaram as mudanças da configuração dos planetas e a regularidade desses ciclos — o ritmo imutável do dia e da noite, o crescimento e o declínio da Lua, o crescimento do ano, morrendo e renascendo.

Observadores dos céus calcularam os longos ciclos dos planetas, assimilando as leis subjacentes à dinâmica do sistema solar. A astronomia moderna pode calcular, com exatidão, as posições de cada planeta em qualquer momento do passado, do presente e do futuro.

Em astrologia, também é possível observar a posição do Sol, da Lua e dos planetas em qualquer momento e ver de que forma ele se relaciona com a conjunção dos planetas no momento do nascimento. (Existem outros métodos de predição que não cabem no objetivo deste livro.) Sabemos de que maneira a música cósmica, presente e futura, ressoa com o acorde cósmico do nascimento.

Essas relações entre a configuração do *agora* e a configuração do *então* são chamadas *trânsitos*. Para observar as potencialidades dos trânsitos e poder modificar a direção para onde eles nos levam, combinam-se os entendimentos já atingidos sobre os signos zodiacais, os planetas, os aspectos e as casas, com as técnicas de reprogramação, que já aprendemos.

Por exemplo, vejamos o que acontece com o horóscopo de Mary, no momento em que escrevíamos este livro: Saturno e Urano em trânsito estavam passando pelo ponto zodiacal de Sagitário, onde estava Mercúrio, quando Mary nasceu. Esse ponto está em sua Décima Segunda Casa.

A inter-relação de muitos fatores determinaram como esse trânsito se manifestou em sua vida.

Parte do que aconteceu se relacionava a decisões conscientes de Mary. Antes da chegada do trânsito, ele vira nas efemérides o que ia acontecer e visualizou uma seqüência de acontecimentos futuros que ela desejava, para expressar a dinâmica dessa conjunção planetária.

O trânsito funcionou bem para que ela escrevesse o livro — durante muitas horas por dia, ela se concentrava, estruturando (Saturno), escrevendo (Mercúrio) sozinha (Décima Segunda Casa). A energia de Urano, em conjunção com Mercúrio, aparecia através de progressos (Urano) da compreensão (Sagitário) daquilo que ela tentava dizer e como dizê-lo (Mercúrio).

Ao mesmo tempo, as condições, os eventos e as pessoas do mundo exterior incorporaram temas do trânsito. Ela recebeu notícias (Mercúrio) inesperadas (Urano) de vários antigos amigos (Saturno), de quem não ouvia falar havia muito tempo.

Ela aprendeu a usar o computador, comunicando-se (Mercúrio) e usando a eletrônica (Urano).

Por outro lado, o receptor de televisão de repente (Urano) teimava em ficar sem imagens (Saturno), impedindo (Saturno) a recepção dos programas (Mercúrio). O técnico não conseguia descobrir o problema (Saturno) de eletrônica (Urano).

Após a terceira visita do técnico de televisão, ela disse a Urano e Saturno: "Para que ficarem implicando com Mercúrio? Urano, se você quer surpreendê-lo, por que não o fazer com uma nova e surpreendente percepção? E você, Saturno, você fica testando-o enquanto ele tenta escrever corretamente um livro. Façam o favor de deixar em paz o receptor de televisão!".

Quando o técnico voltou pela quarta vez, finalmente conseguiu consertar o defeito. Estamos convencidos de que, se Mary tivesse entrado em um universo paralelo totalmente harmonioso, nem o pequeno problema criado pela passagem de Saturno, Urano e Mercúrio teria acontecido.

Isso nos lembra nosso amigo Irwin. Ele viu que estava chegando um trânsito Saturno-Marte que poderia expressar-se em um acidente se ele não tomasse a atitude correta. Não era o melhor dia para viajar, mas ele precisava dirigir o dia inteiro. Ao se levantar, ele cortou (Marte) as unhas dos pés e das mãos, o cabelo e a barba (tudo Saturno). Em seguida, dirigiu (Marte) com muito cuidado (Saturno) durante todo o dia. No final do dia, ele deixou o carro em um estacionamento que tinha guardador de carros (Saturno) e foi tomar um lanche em um restaurante. Então ouviu o barulho de uma batida. Quando vieram contar-lhe, ele disse: "Sabia que isso ia acontecer", e saiu para verificar que seu carro sofrera apenas um pequeno arranhão.

Ele já havia se programado para evitar um problema maior, mas não tinha visualizado a si mesmo escapando totalmente ao problema.

★

Será que Irwin poderia ter escapado até do arranhão do carro? Vamos ver o que aconteceu com Laura, aluna de Mary, que também passava por um trânsito semelhante entre Marte e Saturno. Ela também viu que tinha que dirigir o dia inteiro, de forma que se disse: "Vou dirigir de forma bem consciente o dia inteiro e tomar muito cuidado. Vai dar tudo certo".

Como primeiro cuidado, ela resolveu dobrar a distância que separava o seu carro de qualquer outro diante dela — se a velocidade do carro exigia uma distância de quatro carros, ela estabelecia uma distância de oito carros entre o dela e o próximo.

Durante a viagem, ela deparou-se com várias situações delicadas, mas nada de grave, durante a maior parte do dia. No final da tarde, porém, ela estava dirigindo em uma estrada de duas pistas, mantendo uma enorme distância entre seu carro e o da frente, quando viu um caminhão fazendo uma ultrapassagem pela direita, na pista em que ela se encontrava. O carro à sua frente mal teve tempo de sair da estrada, e se Laura estivesse mais perto desse carro o seu ficaria em cima de uma pequena ponte, sem parapeito. Entretanto, ela estava distante o suficiente para passar ao acostamento, pouco antes de chegar à ponte, evitando uma colisão frontal. O resto do dia passou sem incidentes.

★

Vamos contar outra experiência interessante de trânsito que aconteceu com uma outra aluna, Frances. Seu horóscopo de nascimento tem a Lua em Escorpião, na Quarta Casa.

No momento desse incidente, ela observara em suas efemérides que Urano estava prestes a passar pelo mesmo grau de Escorpião. Uma visita de um dos planetas exteriores à Lua natal pode corresponder a incidentes significativos — ora, Urano só estará de volta em 84 anos!

Assim, Frances começou a refletir sobre o significado dessa visita. Ela sabia que a Lua e a Quarta Casa podem significar a mãe, e ela lembrou-se de que sua mãe estava planejando ir à Flórida de carro, na semana seguinte — no momento em que Urano estaria passando pela posição da Lua natal de Frances.

Urano significa acontecimentos surpreendentes, inesperados — quem sabe, um acidente? E o Escorpião é um dos símbolos da morte.

Ela telefonou a Mary, preocupada. "Estou com medo de que minha mãe morra num acidente quando estiver indo para a Flórida."

Na verdade, se sua mãe fosse sofrer um acidente esse seria o tipo de trânsito que o anunciaria, embora seja necessária uma combinação de posições reforçadas de planetas para indicar um incidente tão importante.

Já vimos inúmeros exemplos de como os planetas em trânsito simbolizam os incidentes que os acompanham, às vezes com detalhes assustadores. Mas nossas mentes ocidentais ainda se espantam com essas associações.

Entretanto, para evitar que Frances fixasse essa expressão específica, potencialmente desastrosa, do trânsito, Mary disse: "Lembre-se de que Urano é o planeta do inesperado, e se você esperar algo, a surpresa desaparece! Vamos ver se ensinamos direitinho a você — o que mais pode significar a Lua na Quarta Casa?".

Frances respondeu: "A Quarta Casa também significa a minha casa, e a Lua está ligada à nutrição. Na semana que vem, vamos colocar uma clarabóia na cozinha".

"Perfeito", disse Mary, brincando com ela, "está tudo resolvido. Como o trânsito está acontecendo em Escorpião, um signo de água, sua cozinha ficará inundada."

No meio da semana, Frances telefonou.

"Mamãe já foi para a Flórida", disse. "E os operários vieram instalar a clarabóia. Logo que eles abriram o buraco no telhado, descobriram que lhes faltava um elemento qualquer e foram buscá-lo no depósito de materiais. Era um dia ensolarado e claro, mas, enquanto eles estavam fora começou uma tempestade repentina. Eu estava de pé na cozinha, olhando a chuva cair na cozinha e pensando 'Graças a Deus, minha mãe está bem'. E ela estava, realmente.

ATÉ ONDE PODEMOS IR?

No início deste livro, colocamos a pergunta: até que ponto podemos mudar o nosso destino — transformando a maneira como nossa vida se manifesta. Talvez possamos aceitar a mudança de pequenas coisas, como tomar cuidado ao andar pelas ruas, ao fazer alpinismo. Mas o que se pode fazer se estivermos caindo da montanha?

É possível escapar até mesmo desse tipo de acidente. Mas a ordem de mudança é diferente, nesse caso — algo como entrar em contato com um nível mais profundo de consciência e força de vontade, um campo mórfico maior, passando a ressoar com esse campo para poder passar a um universo paralelo, onde o resultado final não seria o de cair no sopé da montanha. Chamamos esse tipo de mudança não-lógica de "milagre", e o maior milagre dos nossos tempos é que o nosso mundo está descobrindo o conhecimento da transformação, tanto antigo como moderno, que nos dá o poder de chegar até o núcleo dos campos, dos arquétipos, onde acontecem as verdadeiras mudanças — tanto em nível de consciência subjetiva como manifestada no nosso mundo objetivo.

A seguir, indicamos algumas maneiras de trabalhar com trânsitos e outros métodos astrológicos de predição. Essas técnicas também podem ser aplicadas a técnicas de predição não-astrológicas.

Digamos que você, como Frances, examinou as efemérides e viu que no mês que vem (ou no próximo ano, ou década) Urano iria passar sobre o grau de Zodíaco onde a Lua estava quando você nasceu: Urano em trânsito, em conjunção com a Lua natal. Digamos que esse grau esteja localizado na sua Quarta Casa e no signo de Capricórnio.

Em primeiro lugar, a partir da lista de palavras-chave (no apêndice e nos capítulos 7 e 8) de cada um dos cinco fatores, você poderia criar frases diferentes que expressem maneiras como a energia desse padrão poderia se manifestar.

Em seguida, você poderia concentrar-se nas visualizações e harmonizações, expressando a energia dessa combinação.

Finalmente, você poderia visualizar-se no ponto nodal da rede:

★

A ROTUNDA. Você é um maquinista de trem. Sua locomotiva chegou ao ponto da estrada em que ela pode ser virada para qualquer uma das linhas férreas que você desejar. Você faz um círculo completo, parando cada vez que uma linha férrea passa diante de você e observa cada linha, vendo os trilhos paralelos indo até o horizonte, juntando-se cada vez mais, à medida que se distanciam, até se juntarem na linha do horizonte. Sua visão interior consegue ver o que está depois da linha do horizonte — prevendo o que vem depois.

Em seguida, você passa para a segunda linha férrea e observa até onde ela vai.

Depois de ter observado cada uma das linhas e completado o círculo, você toma uma decisão e faz um sinal para o operador dentro da rotunda que gira a locomotiva na direção escolhida por você. Você coloca mais combustível, dá a partida e começa sua jornada.

★

O HOLOSCÓPIO TRANSFORMADOR. Você está sentado no centro do seu holoscópio. O menu que aparece na tela diz o seguinte:

Seu estado de consciência

(M) Ser Mítico: Consciência do Metacampo, do Setor Arquetípico.

(A) Ser Aqui-Agora: Consciência concentrada nesse espaço-momento

---

Você aperta as teclas M e A, que programa seu holoscópio para lhe mostrar os estados de consciência alternativos adequados.
O menu seguinte indica:

Perspectiva

(C) Campo, Ordem implícita
(E) Realidade Específica, Ordem explícita

Você aperta as teclas C e E, que acessa a perspectiva mais adequada.
O próximo menu indica o seguinte:

Momento espaço-tempo na consciência de Gaia

Século _____   Latitude _____
Ano _____   Longitude _____
Mês _____   Altitude _____
Dia _____
Hora _____
Minuto _____

Você aperta as coordenadas da sua hora de nascimento.

O holoscópio ativa os raios *laser*, e você é cercado pela projeção multissensorial holográfica. Os detalhes são tão reais que você acha que está lá.

A partir do centro da roda celestial, seu ser mítico observa o sistema solar cercando você na hora do nascimento.

Você ouve e sente seu acorde cósmico básico com toda a sua pureza original.

O holoscópio comuta o estado de consciência e lhe apresenta um padrão específico, um tema que poderia surgir a partir do seu acorde-chave. Você ouve e vê como ficaram e ficarão as variações desse tema.

O holoscópio comuta para o modo *universo paralelo* e mostra uma série de cenas que poderiam acontecer no tema apresentado. No início, todas as cenas estão muito confusas e as cores estão desequilibradas. Mas você ajusta o foco e controla as cores.

Em alguns dos universos paralelos, o cenário, a trama e a encenação são tão discordantes e deprimentes que experimentá-los pode ser doloroso. Em outros, aparecem dramalhões de segunda categoria, com cenários baratos, péssimos roteiros e atores mal colocados que não conseguem encenar direito e sempre tentam passar a perna nos outros.

Há cenas em que os atores ampliam seus papéis, desempenhando-os de forma grandiosa, extrapolando a realidade da trama.

Você faz as correções necessárias, levando a alavanca de *controle estético* até o nível de *realismo inspirado*. O holoscópio mostra-lhe as cenas de alto nível do universo paralelo, em que os roteiros foram feitos por um dramaturgo da mais alta categoria, os atores são os melhores e os cenários, esplêndidos. Essas cenas aquecem seu coração.

Você aperta a tecla do menu que diz *momento espaço-tempo da consciência de Gaia* e coloca as coordenadas do momento.

Você passa ao modo *tema arquetípico* e ouve os acordes cósmicos e vê o padrão cósmico do momento.

Em seguida, o holoscópio lhe mostra o seguinte menu:

Expressão específica desse padrão.

Você entra com *lobo* e *áudio*. O holoscópio harmoniza o campo mórfico do lobo e você passa a ouvir os sons combinados de todos os lobos desse campo. A música deles lhe dá um senso inimaginavelmente profundo.

Em seguida, você tecla *baleia* e *áudio* e se inicia o comentário musical.

Você tem acesso ao próximo menu:

Interações entre momento de espaço-tempo.

Você programa o holoscópio para mostrar as interações entre o momento atual e a hora de seu nascimento. Primeiro, o holoscópio apresenta os temas arquetípicos.

Em seguida, você dá acesso ao modo de *universo paralelo* do holoscópio e vê várias cenas que poderiam expressar esses temas. Você tem acesso apenas aos universos paralelos em que a ação está sendo realizada no cenário *inspirado* do holoscópio — da sua própria vida, da sua família, de grupos, do país e como um ponto da vida de Gaia.

Ao encontrar o universo paralelo que mais lhe agrada, você coloca no holoscópio as suas próprias variações, aperfeiçoando os detalhes, até ter criado a sua melhor e mais perfeita expressão da cena. Quando estiver satisfeito com sua criação, você aperta a tecla de *transmissão* de seu holoscópio. Sua criação é então transmitida à estação central cósmica, acrescentando sua música ao coro humano, sua forma de expressão ao campo de consciência humano.

Você escolhe um momento do futuro e observa suas possibilidades no universo paralelo. Você se identifica com o que acha mais bonito e modifica o passado. Isso também modifica o presente e o futuro.

O holoscópio pode zerar qualquer uma das condições que você gostaria de ver expressa nos diversos universos paralelos. Por exemplo, um dos menus diz:

Departamentos da vida
(EP) Expressão da personalidade
(R) Relacionamentos
(EC) Expressões criativas
(CP) Contato com as pessoas

Há um menu para cada signo zodiacal, planeta, casa e aspecto.

O seu holoscópio pode se ligar a vários outros holoscópios de quaisquer outros seres ou grupos. O holoscópio está sempre ligado às difusões holoscópicas do campo humano e dos campos de Gaia, do sistema solar e do universo. A dinâmica de todos esses campos cria o filme holográfico através do qual as projeções particulares da realidade podem se manifestar. Você se identifica a belas oportunidades específicas, escolhendo viver em universos paralelos que expressem os temas em seu potencial inspirado.

CAPÍTULO 10

Como transformar os temas do nosso tempo

★

Fica claramente evidente que a maioria dos acontecimentos de natureza abrangente tem sua causa nos céus encobertos.
           CLÁUDIO PTOLOMEU. *Tetrabiblós.*

★

A força envolve-nos e penetra em todos nós. Ela controla nossas ações e obedece aos nossos comandos.
           OBI WAN KENOBI. *Guerra nas estrelas.*

★

Sua consciência nasce da Terra, em ângulos retos no plano zodiacal. Você viaja para fora, olhando para trás para observar as curvas das órbitas de cada planeta, todos centradas no Sol. Sua consciência flutuante externa vê primeiro a órbita de Mercúrio, a menor das curvas, e depois vê as curvas de Vênus, da Terra, de Marte, dos asteróides, de Júpiter, Urano Netuno e Plutão.

Você focaliza as posições atuais dos planetas, cada um girando em torno do Sol em sua própria trajetória, cada um em uma velocidade. Você observa claramente os planetas interiores claros e rápidos, que fazem a volta em torno do Sol em um ano ou menos. Você ouve a melodia que estão tocando.

179

E também vê com clareza o local onde Marte está posicionado em sua órbita de dois anos, e Júpiter em sua órbita de doze anos.

O último planeta que você vê nitidamente é Saturno, o mais lento de todos, levando vinte e nove anos para girar ao redor do zodíaco.

★

Agora, você olha para além de Saturno, em direção às maiores curvas dos planetas, que se encontram no aro do sistema solar — Urano, Netuno e Plutão. A olho nu, você não consegue ver os pontos de luz que marcam as posições desses planetas em seus caminhos circulares, mas com sua visão interior sabe onde estão localizados. Eles se movem tão lentamente que fazem com que Saturno pareça muito veloz. Você observa a configuração que eles formam, e seus ouvidos interiores ouvem os acordes profundos e fortes em segundo plano, que cantam entre si os temas subjacentes da música do sistema solar que mudam lentamente, tocados através dos anos, décadas e mesmo séculos.

★

TEMAS DOS PLANETAS EXTERIORES

Os ciclos e posições dos planetas exteriores, sobretudo Saturno, Urano, Netuno e Plutão, indicam temas universais que são levados a cabo em acontecimentos específicos, através de ligações entre si e com os planetas interiores. Esses temas podem se expressar em nossa vida pessoal: em nossa família, sociedade, nação. Em nosso valor, padrão cultural e nossa maneira de viver.

Atualmente, até o final deste século e durante os anos iniciais do próximo, nós, na Terra, estaremos vivendo uma inter-relação incomum de temas, simbolizados pelos planetas exteriores — que fase cada um deles está expressando no Zodíaco e nos outros ciclos, e também os aspectos que estão formando uns com os outros.

Em primeiro lugar, examinaremos o significado arquetípico do que está acontecendo e passaremos a observar algumas das maneiras concretas de manifestação desses arquétipos, dependendo de que estradas escolhemos tomar, para quais universos paralelos nos voltamos.

★

Quando começa um ciclo? No final do último. A serpente circular abocanha sua cauda.

De certa forma, cada ponto do ciclo pode ser um novo começo, apresentando uma possibilidade de mudança de órbitas, passando então a outro universo paralelo, onde o mesmo ciclo se manifesta de maneira diferente. Ainda nas fases de cada ciclo existem alguns pontos-chave que indicam inícios especiais, oportunidades para causar mudanças ainda maiores. Esses pontos-chave são encruzilhadas, de onde podemos pular para o centro da nossa órbita, ressoando com o núcleo do campo cósmico e até voltar a uma nova órbita. Onde podemos ter acesso a uma nova ordem de universos paralelos, fazendo mudanças importantes no destino.

Quais são os pontos-chave das fases presentes e futuras e as posições dos planetas exteriores? Primeiro, vamos examinar as posições dos planetas e a forma como eles se manifestam, tanto em nível individual como nos tempos que estamos vivendo atualmente.

★

Colocaremos depois a imagem que conseguirmos formar dentro da estrutura de um ciclo bem mais longo, a enorme era que dura quase 26 mil anos, sendo marcada pela precessão dos equinócios. Na natureza de doze fases desse metaciclo, estamos atualmente vivendo na Era de Peixes, já há mais de 2 mil anos, entrando na Era de Aquário, onde viveremos por mais de 2 mil anos.

Mas antes de passarmos à Central Cósmica para observar o significado da mudança de Peixes a Aquário, seria interessante voltar aos planetas exteriores. Que oportunidades surgem a partir das mudanças específicas de fase de cada um deles? Quais são os pontos de comutação? Que seqüências de acontecimentos futuros podem ser imaginadas para expressar os temas incomuns de forma mais satisfatória do que a que vínhamos projetando — como indivíduos, grupos e nações, como habitantes da Terra?

★

SATURNO E URANO. Do seu ponto de referência sobre a superfície do sistema solar, você observa Saturno e Urano o mais próximo que já chegaram um do outro, viajando juntos, cada um em sua pista, passando pelos mesmos marcos zodiacais.

★

Em 1988, Saturno encontrou — entrou em conjunção — com Urano. Essa conjunção, com o período de estreito contato, durante os próximos anos, marca o início, e estabelece o tom, de um novo ciclo de relacionamento entre Saturno-Urano de 46 anos, até a próxima conjunção. Quais são os temas desse novo início?

Como já vimos, Saturno, que leva 29 anos para circundar o Sol, é o mais exterior e mais lento de todos os planetas visíveis. Ele simboliza nossa forma e limites conscientes, a nossa *pele*.

Urano, em seu ciclo de 84 anos, é o mais próximo dos planetas exteriores que foram descobertos com o telescópio, planetas cuja visibilidade é impossível a olho nu. Urano está no ponto-limite — se o local for escuro o suficiente, ele pode ser visto indistintamente por alguém que tenha uma visão perfeita e saiba localizá-lo exatamente.

Como já dissemos, Urano e os outros dois planetas mais distantes já descobertos — Netuno e Plutão — estabelecem os temas subjacentes dos tempos, abaixo do limiar da nossa consciência concreta, fora do alcance da visão normal.

A consciência de Urano compreende e comunica. É como se ele fosse a oitava superior a Mercúrio, que é o planeta interior visível da compreensão e comunicação. Mas a consciência de Urano inclui mais dimensões do que a de Mercúrio, que vai em um caminho linear daqui até ali — o mensageiro dos deuses. Urano é chamado de *esclarecedor*, o *grande despertador*. Um *insight* de Urano acontece de uma vez só, como um todo.

★

Você está caminhando por uma estrada, a esmo. Às vezes, você consegue ver o horizonte, outras vezes apenas alguns palmos adiante. Ao chegar a uma encruzilhada, você deve escolher o caminho a tomar, ponderando aonde cada caminho o levará e trocando experiências com outras pessoas.

De repente, você é levado para o alto, de onde pode ter uma visão panorâmica de toda a região. Você vê onde estava e para onde está indo. Você vê a rede de estradas — aonde cada uma leva e o que existe entre cada uma delas.

★

Quando Urano, o mais próximo dos planetas invisíveis, encontra-se com Saturno, o mais distante dos planetas visíveis, essa ligação dá início a um novo ciclo da *manifestação* (Saturno) de *insights de entendimento* (Urano): nova compreensão da relação entre os campos e sobre o que acontece dentro dos campos. Novas ligações conscientes entre os campos invisíveis e o mundo visível. Novas dinâmicas entre Saturno, criador de formas, e Urano, que repentinamente destrói as antigas formas, criando um caminho para novas formas.

Quando esses dois planetas estão em harmonia entre si, eles funcionam da mesma forma que o olho humano. As imagens são continuamente formadas e registradas na consciência. Ao mesmo tempo, as imagens continuamente se dissolvem, deixando a retina livre para receber novas imagens, pois uma imagem posterior impedirá o olho de ver o que está acontecendo.

★

No caso das pessoas e grupos que refletem hábitos dissonantes dos arquétipos, essas conjunções do tipo Saturno-Urano têm sido desastrosas: basta ver o que aconteceu durante a última dessas conjunções, em 1942, com as mudanças drásticas de ordem política da Segunda Grande Guerra, e a nova ordem criada pelo surgimento do poder atômico. Por outro lado, tanto para os indivíduos como para os grupos que se harmonizem em temas arquetípicos mais puros do nosso inconsciente coletivo — o coração arquetípico —, uma conjunção Saturno-Urano pode iniciar um ciclo de *nova visão*, de consciência expandida, de ações inspiradas do mundo invisível, iluminando o mundo visível.

★

Antigos encontros entre Saturno e Urano aconteceram em diversos pontos do Zodíaco, mas o do presente momento está em uma localização muito especial. Em 1988, eles fizeram a conjunção exatamente no final de Sagitário e entraram juntos em Capricórnio. Durante o ano, eles voltaram alguns graus para Sagitário e, em seguida, ainda bem próximos, voltaram a entrar em Capricórnio, desta vez para ficar.

O início de Capricórnio (0°) representa o ponto estacionário do Zodíaco. Sabemos que o Sol atinge esse ponto todos os anos por volta do dia 21 de dezembro, no *solstício de inverno*, quando as noites são mais longas e os dias começam a crescer, quando o antigo ciclo de crescimento terminou e a energia está ocupada na Terra — nas raízes e também nas sementes. Nesse ponto, o novo ciclo de crescimento se inicia — a energia começa a ascender através das raízes, e a semente pode começar a expandir.

Esse ponto corresponde, no *ciclo mensal*, à lua nova — a "parte escura da Lua", quando o Sol vem juntar-se a ela, ficando invisível a olho nu, mas começando a crescer, para desenvolver-se na luz.

No *ciclo do dia* trata-se do ponto da meia-noite, quando o Sol desceu profundamente na Terra e começa a ascender em direção à alvorada.

Assim, o novo ciclo Saturno-Urano começa precisamente no momento em que cada um desses planetas está estacionário no Zodíaco, manifestando os resultados finais de seus últimos ciclos individuais e focalizando as sementes de seus novos ciclos.

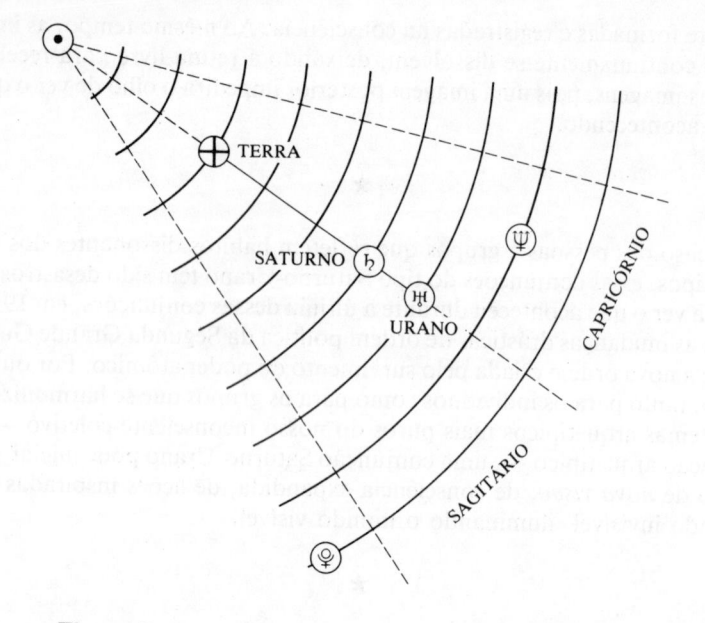

Figura 9. Os planetas exteriores entrando em Capricórnio.

A estrutura da nossa vida, tanto em nível individual quanto coletivo, é testada em Capricórnio. Se o teste falhar, o crescimento é impedido. Mas, quando o teste é positivo, cria-se a base para o progresso futuro.

A viagem de Saturno através de Capricórnio começou em 1988 e termina em 1991.

Urano estará em Capricórnio de 1988 a 1996.

Essa combinação traz oportunidades grandiosas para um *novo começo* (Capricórnio) ao *manifestar* (Saturno) os *insights de ruptura* (Urano): como aplicar o nosso novo conhecimento do universo. Como expandir nossa consciência e também focalizar em pontos de vista particulares. Como expressamos nossa individualidade, como pessoas, grupos, sociedades e nações, continuando, porém, a viver harmoniosamente como pessoas da Terra.

★

As palavras-chave e as imagens fornecidas no apêndice e nos capítulos anteriores — neste caso, para *Saturno, Urano, Conjunção* e *Capricórnio* — ajudam a compreender como esse novo início significativo pode se relacionar com a vida pessoal e as tendências que estamos vivenciando.

★

NETUNO. Examinamos Saturno e Urano em Capricórnio. Mas eles não foram os únicos planetas exteriores a habitarem o signo. Em 1984, Netuno entrou em Capricórnio, começando seu novo ciclo de 165 anos a partir desse ponto de início de manifestação.

Como sabemos, Netuno é o segundo dos três planetas invisíveis nas fronteiras do nosso sistema solar. Ele pode ser considerado a oitava superior do planeta interno visível Vênus, deusa da beleza e do amor.

★

Você está sentado em um jardim, sob a luz do sol. O céu está azul e as montanhas à distância são azuis e verdes e cinza.

Perto de você há uma roseira bem cuidada. O solo foi trabalhado de maneira que o ar e a água atinjam suas raízes e há vestígios de um bom fertilizante orgânico.

Os caules da roseira são saudáveis, mas seus espinhos parecem afiados. As novas folhas são de um verde mais claro do que as antigas folhas, mais largas.

Ela está florescendo e, ao olhar para dentro do coração de uma rosa que está abrindo, você pode ver as pétalas em forma de espiral, sua textura quase irreal e sua cor.

Repentinamente, a rosa e tudo à sua volta torna-se extraordinariamente belo. A rosa brilha com uma luminosidade especial, uma exuberância magistral dentro do padrão perfeito do jardim e da paisagem ao seu redor. O que você vê a emociona como um quadro feito por um grande pintor, e o som dos pássaros e do vento são como a música criada por um grande compositor.

★

A qualidade da beleza de Netuno e do amor transcende a de Vênus. Na consciência de Netuno, a beleza e o amor vão além do mundano, para expressar o espírito. Quando estamos apaixonadamente identificados com o ideal, a beleza que criamos é inspirada.

★

Em 1989, Saturno estava em conjunção com Netuno em Capricórnio, começando um novo ciclo de 36 anos de relacionamento mútuo.

A oportunidade nesse caso é de um *novo começo* na *manifestação dos sonhos*. Outras combinações possíveis de palavras-chave:

Capricórnio	Saturno	Conjunção	Netuno
A cristalização	da sabedoria	fortalece	a visão.
A realista	praticidade	combina-se	com estados superiores de consciência.

Ao meditar sobre a visualização desses quatro fatores, você entenderá melhor seu significado.

★

De 1992 a 1993, Urano entra em conjunção com Netuno, ainda em Capricórnio, iniciando um novo ciclo de 171 anos de relacionamento. A oportunidade dessa conjunção é a de criar um *novo início* de *insights* acoplado à *inspiração*. Outras possíveis combinações de palavras-chave:

Urano	Capricórnio	Conjunção	Netuno
A liberdade	com responsabilidade	combina com	a inspiração.
O humanitarismo	organizado	expressa	a compaixão.

A última conjunção de Urano-Netuno, também em Capricórnio, aconteceu em 1822, no momento em que começava a Revolução Industrial.

★

PLUTÃO. **Do seu ponto de vista, bem acima do sistema solar, você observa a elíptica de Netuno, rodeando a de Urano e a de todos os outros planetas visíveis. Em seguida, você vê uma elipse planetária mais além ainda, e muito maior — é a de Plutão, o planeta exterior mais conhecido.**

★

Já vimos que Saturno, o planeta exterior mais visível, simboliza as fronteiras individuais, nossas formas, a morte e o nascimento dos nossos Eu interiores.

Plutão é o mais exterior dos planetas invisíveis atualmente conhecidos. Ele simboliza as *transformações básicas da forma e da consciência do nosso ser suprapersonal*.

O processo de Plutão é o nascimento da consciência do todo, que é maior do que a soma de suas partes.

"Plutão", segundo Tim Lyons, "é potencialmente a repolarização completa do ego, sua morte radical. O deus do submundo é assustador e fértil, trazendo não só a morte, como também o potencial para o novo, e até a vida transfigurada. Quando projetada em sua forma negativa, ele se torna a devastação resultante do poder e prosperidade concentrada, ocultos. Em sua forma positiva, transformacional, é a concentração e mobilização do poder e de recursos individuais de reservatórios ocultos. Isso torna possível uma verdadeira morte das antigas maneiras e uma conseqüente refocalização e repolarização para o novo."[1]

Plutão não estará mais em Capricórnio em momento algum até o final do século XX, nem em conjunção com Saturno, Urano ou Netuno. Entretanto, ele chegou a um ponto-chave dentro de um ciclo próprio bem especial.

★

Você fica surpreso por ver que a elípica de Plutão é tão entrelaçada que parte de sua órbita encontra-se dentro da órbita de Netuno e, sim, sua visão interior vê que Plutão está agora trabalhando dentro da órbita de Netuno.

★

As órbitas dos planetas ao redor do Sol não são perfeitamente circulares — elas estão achatadas em elipses, a maioria das quais não se desvia muito de um círculo. Mas, com Plutão, a história é outra. Sua órbita é tão achatada que a distância do planeta em relação ao Sol pode variar entre 45 trilhões e 73 trilhões de quilômetros. Na realidade, quando está mais próximo do Sol, por um período que cobre vinte anos de seu ciclo de 248 anos, Plutão temporariamente cede a Netuno a posição de planeta mais distante de todos. Plutão atravessou a órbita de Netuno em 1979 e passará novamente por ele em 1999.

Esse período de vinte anos tem uma grande importância transformativa. No meio dessa transformação, Plutão atinge seu *periélio* (o ponto mais próximo do Sol — e também da órbita da Terra), pois marca um ponto principal de início e fim desse ciclo. Estamos começando um novo ciclo de Plutão de 248 anos, a partir do periélio de 1989.

Rudhyar batizou esse ciclo de "período de semeadura", acrescentando que a "germinação é a crucificação da semente... Quando Plutão corta a órbita de Netuno, pode-se dizer simbolicamente que ocorre um processo de liberação do passado e de impregnação de uma visão nuclear do futuro. Sem dúvida, todo período de cada uma das revoluções de Plutão ao redor do Sol é, historicamente falando, excepcionalmente significativo". Ele também diz que "esses períodos muitas vezes testemunham uma repolarização do consciente coletivo e os ideais da huma-

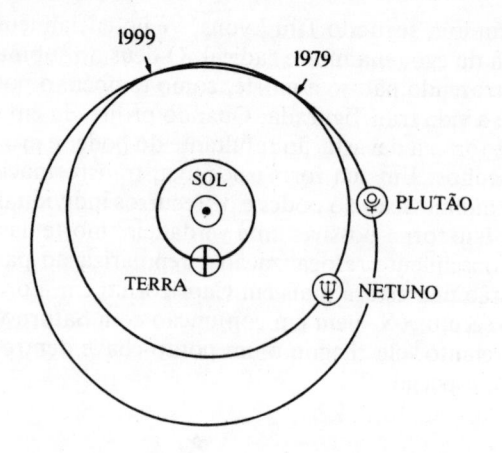

Figura 10. Interseção das órbitas de Netuno e Plutão

nidade em pontos que, de uma forma ou de outra, enfatizam fatores profundamente enraizados na natureza humana; portanto, comuns a pelo menos uma grande parte da humanidade".[2]

Quando um planeta está próximo do Sol, ele se move com a maior velocidade que pode atingir (a segunda lei de Kepler do movimento planetário). Sendo assim, Plutão, que representa a batida do tambor no pano de fundo do sistema solar, está em seu ritmo mais rápido, acelerando a cadência da música planetária.

Há uma qualidade de rapidez em tais períodos da história. O último periélio de Plutão (que parece sempre acontecer em Escorpião) aconteceu por volta de 1741. Era uma época em que idéias novas estavam começando a se desenvolver nas ciências, filosofia e política e que provocariam transformações básicas no meio ambiente e nas ações. A Revolução Americana, transformação básica das instituições políticas, começara cerca de trinta anos antes, e papéis importantes eram assumidos por pessoas nascidas enquanto Plutão estava em Escorpião (Thomas Paine, Thomas Jefferson, John Hancock, John Jay).

O período de semeadura anterior a 1740 aconteceu por volta de 1490, "o tempo das grandes viagens, a 'descoberta' da América por Cristóvão Colombo e o início da Renascença".[3] Entre as pessoas importantes nascidas no período temos Martinho Lutero e Paracelso (ambos com Plutão em Escorpião), Nostradamus (nascido em 1503, quando Plutão acabava de entrar em Sagitário).

Qual o significado desse atual período de semeadura de Plutão?

Já descrevemos anteriormente algumas das idéias novas que estão surgindo agora — idéias sobre uma nova ordem de compreensão do nosso universo e da nossa consciência.

Rudhyar previu que

"o que Plutão em Escorpião provavelmente exigirá de nós é que, honestamente e sem hesitação, entremos em contato com nossa humanidade em comum. Talvez venhamos a observar durante esse período um tipo coletivo e compulsivo de profunda psicologia. Talvez sob uma forma religiosa. Talvez sejamos forçados a nos tornarmos verdadeiramente 'humanos' através de contatos com seres de outros planetas ou campos de existência, pois só podemos saber aquilo que somos, quando diante daquilo que sem dúvida e inquestionavelmente não somos — portanto, diante de seres totalmente alienígenas, extraterrestres. Talvez seja um tempo em que os seres humanos vivenciem de forma profunda e verdadeira o sentimento de 'comunidade', em um sentido mais planetário. Talvez também seja um tempo de processo público e global de poderes ocultos, tanto em nível individual como nos campos de organização social e política — quem sabe com o aparecimento de um personagem ou manifestação poderosa".[4]

As mudanças e oportunidades que estão atualmente ocorrendo são inauditas na história da humanidade, quando colocadas dentro do contexto do amanhecer da Era de Aquário, sobre a qual trataremos no próximo capítulo.

RESUMO

1. Os ciclos e posições dos planetas exteriores, sobretudo Saturno, Urano, Netuno e Plutão, indicam temas universais que são levados a cabo em acontecimentos específicos, através de ligações entre si e com os planetas interiores.
2. Atualmente, até o final deste século e durante alguns anos do próximo, nós, na Terra, estaremos vivendo uma inter-relação incomum de temas simbolizados pelos planetas exteriores.
3. A conjunção Saturno-Urano pode iniciar um ciclo de *nova visão*, de consciência expandida, de ações inspiradas do mundo invisível, iluminando o mundo visível.
4. Em 1988, começou o ciclo Saturno-Urano precisamente quando cada um desses planetas estava entrando em Capricórnio, estacionando no Zodíaco, manifestando os resultados finais dos seus ciclos individuais e focalizando as sementes de seus novos ciclos.
5. A conjunção de 1989 de Saturno-Netuno em Capricórnio induz *um novo começo na manifestação dos sonhos*.
6. De 1992 a 1993, a conjunção Urano-Netuno, em Capricórnio, cria um *início de insights acoplado à inspiração*.
7. O período de vinte anos, de 1979 a 1999, durante o qual Plutão viaja dentro da órbita de Netuno, assinala um ponto-chave de início e fim do seu ciclo de 248 anos de duração, um período de semeadura para a repolarização do consciente coletivo.

8. As mudanças e oportunidades que vêm ocorrendo na última década do século XX são inauditas na história da humanidade, quando colocadas dentro do contexto do amanhecer da Era de Aquário.

★

NOTAS

1. Tim Lyons, *Astrology Beyond Ego* (Wheaton, Ill.: Quest, 1986), 81.
2. Dane Rudhyar, *Astrological Timing: The Transition to the New Age* (Nova York: Harper & Row), 67.
3. *Ibid.*, 67.
4. Dane Rudhyar, *The Sun Is Also a Star* (Nova York: Dutton, 1975), 94-5.

CAPÍTULO 11

A transformação aquariana

★

Jung considerava a Era de Peixes como o período em que o homem estivera inconsciente de sua divindade... Entretanto, ele considerava a Era de Aquário como o momento em que a Humanidade compreenderia sua verdadeira natureza.
ALAN OKEN. *The Horoscope, the Road and its Travelers.*

★

O signo de Aquário (signo do Ar) quase sempre é representado como um homem com um vaso de água nos ombros... O Aguadeiro significa que o homem foi criado das "águas" da vida... a água é vista como a corrente da consciência, inspiração e intuição universal. Aquário, portanto, distribui as riquezas da vida através da compreensão da natureza da humanidade, dando, simultaneamente, o conhecimento e a inspiração necessários ao uso adequado dessa abundância.
ALAN OKEN. *Astrology: Evolution and Revolution.*

★

A mais incrível intuição que possamos ter da convergência do misticismo e da nova física é que no decorrer das próximas gerações nossas vidas poderão se modificar de maneira radical e impressionante. Sem dúvida, se as implicações de tal confluência vierem a se concretizar, a vida será transformada em algo tão diferente que nossa linguagem atual é incapaz de descrevê-lo.
Estamos no limiar de um milagre.
MICHAEL TALBOT. *Mysticism and the New Phisics.*

★

Vamos examinar as mudanças dos 2.100 anos da Era de Peixes para os próximos 2.100 anos da Era de Aquário. Quando uma era dura tanto assim, a transferência de poder de uma para outra pode levar muito anos, talvez até um século. Não existe concordância quanto ao ponto exato da mutação de Peixes para Aquário, porém todos aceitam o fato de que estamos num período de transição — a luz de Aquário está aumentando, e cada vez que um ciclo mais veloz é renovado (como os dos planetas exteriores), a ligação com a chave aquariana fica maior.

Antes de entrarmos no significado da mutação Peixes-Aquário, seria conveniente examinar como esse ciclo é indicado astronomicamente, para que possamos entender seu significado.

Já vimos que as características dos signos e a seqüência em que eles seguem uns aos outros constituem uma maneira simbólica de descrever as fases de um ciclo arquetípico. Existem dois ciclos zodiacais principais: o zodíaco *sideral*, ou *fixo*, consiste em doze *padrões estelares* específicos (*constelações*), que formam o pano de fundo do caminho do céu do Sol, da Lua e dos planetas. Nesse zodíaco, Áries é sempre identificado com a constelação de mesmo nome. Por outro lado, o zodíaco *tropical*, ou *móvel*, coloca o início de Áries *no ponto atingido pelo Sol no equinócio da primavera*, qualquer que seja a constelação onde ele realmente se encontre.

Esses zodíacos podem ser vistos como dois *registros diferentes do ciclo arquetípico*, sobrepostos e integrados numa época de 26 mil anos de relacionamento mútuo.

Talvez possamos entender melhor quando o Sol for visto em um certo ponto da parte anterior do céu, céu esse que pode ser associado à (e registrado) fase do ciclo de crescimento anual pelo qual estamos passando atualmente (zodíaco tropical).

Mas o zodíaco das constelações parece também fazer registros fortes. Não se sabe por que essas constelações específicas têm as características particulares do nome zodiacal de cada um. Mas o registro está presente.

Os dois zodíacos estavam sincronizados, iniciando um novo ciclo de 26 mil anos há cerca de 2 mil anos. Naquele momento, o Sol era encontrado, em cada equinócio de primavera (o início do signo de Áries), no início da *constelação* de Áries.

Normalmente, pensamos em Áries como vindo em seguida a Peixes, porque esse é o movimento do círculo do Zodíaco. Mas a precessão dos equinócios (causada por uma oscilação do eixo polar da Terra) move-se da frente para trás — *retroagindo* — dentro do Zodíaco. Portanto, no momento em que a.C. passou a d.C., a posição do Sol no equinócio da primavera estava lentamente entrando na constelação de Peixes.

Atualmente, 2 mil anos depois, a posição do Sol no equinócio da primavera está saindo de Peixes e entrando na constelação de Aquário, marcando cada primavera — cada uma das renovações anuais — com o espírito de Aquário.

★

Você está flutuando sonhadoramente acima da superfície da água, no útero da imensa Mãe Marinha, rodeado por um campo de lótus. Pode ver as raízes se alimentando da Terra, seus talos ondulando sobre as correntes marinhas.

Embaixo dos lótus, podem-se ver dois peixes, amarrados, um deles nadando para cima; o outro, para baixo.

Você se vê flutuando em direção à superfície e observa as extremidades das plantas de lótus sendo impelidas para cima, levadas pela luz do Sol, mesmo que silenciosas embaixo da água.

O peixe voltado para cima também se aproxima da superfície, enquanto o peixe voltado para baixo está atingindo o fundo do mar.

Agora...

As extremidades dos lótus impelidas para baixo da água, criando folhas flutuantes, com um dos lados dentro da água, outro voltado para fora, recebendo diretamente a luz do Sol.

O peixe voltado para cima chega à superfície, e o cordão umbilical que o ligava ao outro peixe é cortado, apesar de o cordão e as folhas de lótus continuarem visíveis ao seu olho interior.

Você também nasceu no ar sob a luz do sol. Você foi para a terra firme dentro de uma urna de argila, cheia de águas nutritivas da vida. Você rega a Terra com essas águas e observa as plantas crescerem e os animais beberem do córrego que você criou.

Muitas outras pessoas estão saindo das águas, carregando urnas. Todos enchem as taças com a água das urnas uns dos outros, e juntos alimentam a Terra de maneira que nunca poderiam ter feito individualmente.

★

O símbolo de Peixes são dois peixes, um claro e outro escuro, nadando em direções opostas, ligados um ao outro, no mar de Netuno. Esse símbolo representa as forças opostas das profundezas do inconsciente que, entretanto, estão ligadas entre si. Os instintos subconscientes estão polarizados, como as divisões dentro da célula, antes que as novas células sejam formadas. O signo de Peixes é do elemento da água, que representa os *sentimentos*.

O movimento do signo de água de Peixes para o signo de ar de Aquário é um nascimento.

O elemento do ar representa o *conhecimento*. O símbolo de Aquário é uma pessoa com um cântaro despejando água na Terra. A humanidade, que agora conscientemente controla as águas do subconsciente, jorra seu poder doador de vida sobre a Terra, para que as forças vitais possam florescer. Assim, a Era de Aquário marca o início de um ciclo importante de renovação para a humanidade — e para a Terra, através dos alimentos que lhe damos.

Aquário, Touro, Leão e Escorpião são os quatro signos fixos do Zodíaco. Esses signos manifestam o padrão divino, fixando-o na esfera mortal. O signo oposto ao de Aquário na roda do Zodíaco é o de Leão, que representa o Sol, a manifestação exterior do nosso centro, no qual vemos o divino como uma figura externa a nós. Já o signo de Aquário retrata o divino dentro de cada pessoa.[1]

John Jocelyn diz, em *Meditations on the Signs of the Zodiac* ("Meditações sobre os signos do Zodíaco"): "Aquário, o Homem, é o signo dos signos, a síntese de todos os doze signos do Zodíaco".[2]

A mais alta manifestação de Aquário sublinha a importância de cada um de nós como indivíduo, relacionando-se de maneira solidária com os outros, como seus iguais.

A necessidade da experiência direta — a compreensão e a ação de cada um — está se desenvolvendo em todos os seres humanos, em todo o mundo. Essa tendência se combina a uma percepção cada vez maior dos direitos do próximo e a dedicação a grupos que funcionam juntos para criar um estado de bem-estar para todos.

A Era de Aquário é um momento em que o conhecimento científico, juntamente com a intuição, estarão disponíveis para todos, dando-nos mais compreensão e liberdade de expressão do que jamais tivemos antes. Figuras carismáticas da Era de Aquário serão reverenciadas, não em uma atmosfera de adoração, mas por serem capazes de partilhar um conhecimento que ajuda os indivíduos a terem experiências individuais importantes e poderosas.

Nesse período de mutação, a validade dos modelos de sentimentos e crenças da Era de Peixes estão, e continuarão cada vez mais, sendo desafiadas e complementadas pela enorme necessidade de compreensão de Aquário. Isso se aplica tanto aos indivíduos como às instituições.

Estamos expressando cada vez mais, tanto em nível individual como de grupo, o poder espiritual do arquétipo humano que se irradia de Aquário. A luz está crescendo dentro da consciência de cada um de nós, tanto do ponto de vista da compreensão advinda do lado esquerdo do cérebro como da percepção do lado direito do cérebro. A luz de cada pessoa se reflete na consciência do outro.

Antigos padrões de consciência e ações estão perdendo sua força à medida que nosso campo humano está sendo renovado, cada vez mais em harmonia com o coração de Aquário.

A cúspide Peixes-Aquário é o oposto exato da cúspide Virgem-Leão, cujo símbolo mais conhecido é a Esfinge — um rosto de mulher e corpo de leão. Ela olha em direção ao nascer do Sol (indo de Virgem em direção a Leão, signo regido pelo Sol — a união da terra e do fogo).

Essa cúspide oposta é o ápice daquela união, um outro casamento, dessa vez de Peixes (água, conhecimento instintivo e intuitivo). Essa união também pode ser considerada como um conhecimento iluminado do campo mórfico humano. Um ser humano traz água dentro de um recipiente de barro direto do ar e do fogo solar, regando a Terra com essa água nutritiva. O conhecimento pessoal intuitivo-instintivo se manifesta de uma maneira específica e volta para a Gaia-Terra. O fluxo de água de cada um dos receptáculos humanos renova Gaia, possibilitando a floração e a fruição.

★

O simbolismo da Era de Aquário não é o único a apontar o período de mutação pelo qual passamos atualmente. O número de profecias feito sobre esse período é o maior de todos os tempos!

"Emergindo das profecias de muitas culturas antigas do mundo inteiro aparecem duas visões convergentes. A primeira delas é que a Terra precisa ser purificada para se preparar para uma nova era. A segunda de que a Nova Era será um tempo de paz, quando descobriremos a eternidade dentro de cada um de nós."[3]

Muitos intérpretes das profecias bíblicas acreditam que chegamos ao momento do fim dos tempos que precede o tempo de que fala São João, no Apocalipse: "Vi um novo céu e uma nova terra, pois o primeiro céu e a primeira terra passaram". (Apoc. 21,1)

A antiga mensagem de Masau, o grande espírito mestre dos Hopi diz que: "Estaremos todos unidos. Viveremos junto com nossos irmãos e irmãs. Não haverá divisões. Não haverá doenças. Haverá alegria, abundância de víveres e vida eterna".

As profecias maias e astecas marcaram, em 1519, o início dos nove infernos, que deveriam, cada um deles, durar 52 anos. O nono inferno terminou em 1987. A profecia dos tempos atuais diz que "será um dia de julgamento além de toda compreensão. Os sobreviventes do julgamento entrarão no primeiro céu da nova ordem ascendente das eras, uma Era Dourada de realização espiritual, harmonia planetária e, para muitos, a realização da vida eterna consciente".[4]

Peter Russell diz em *The Global Brain*:

"Os vários mestres espirituais que surgiram nos últimos milhares de anos podem ser comparados às primeiras bolhas de vapor que aparecem na água quando está perto do ponto de fervura. No início, ainda não está quente o bastante para que as bolhas se mantenham e rapidamente elas são reabsorvidas pela água. Elas são como que anunciadoras do vapor. Mas, quando se atinge o ponto de fervura, há energia o bastante para que todas as bolhas se libertem e a água rapidamente se transforma em vapor...

O casamento potencial da ciência e do misticismo, o surgimento de métodos muito eficientes de disseminação da sabedoria espiritual, o interesse cada vez maior pelo crescimento interior e a possibilidade de uma transferência direta dos elevados estados de consciência, todos se combinam para que, pela primeira vez na história, a sabedoria da filosofia perene se estabeleça definitivamente.

Estamos rapidamente chegando a um momento em que as 'bolhas' da iluminação não serão mais reabsorvidas, mas poderão voar livremente enquanto a humanidade começa sua grande transição. Rapidamente todas as pessoas se tornarão *rishis, roshis*, santos e budas. Além disso, essa transição estaria ocorrendo enquanto as rápidas acelerações em muitas áreas do empenho humano estão apontando para uma importante transição evolucionária... acho que nossa geração é uma das mais privilegiadas de todas que já viveram até então."[5]

RESUMO

1. Estamos no período de transição da Era de Peixes para a de Aquário — a luz de Aquário está se tornando maior.
2. O movimento do signo de água de Peixes para o signo de ar de Aquário equivale a um nascimento.
3. A manifestação superior de Aquário demonstra a importância de cada pessoa como indivíduo relacionando-se solidariamente com os outros, como seus iguais.
4. A Era de Aquário é um momento em que o conhecimento científico combinado à intuição estarão à disposição de todos os povos, permitindo-lhes ter acesso ao entendimento, com mais liberdade do que jamais tiveram.
5. Estamos cada vez mais expressando, tanto em nível individual quanto em nível de grupo, o poder espiritual do arquétipo humano que se irradia de Aquário.

6. O número de profecias feitas sobre esse período é o maior de todos os tempos! Emergindo das profecias de muitas culturas antigas do mundo inteiro, aparecem duas visões convergentes. A primeira delas é que a Terra precisa ser purificada para se preparar para uma nova era. A segunda é que a Nova Era será um tempo de paz, quando descobriremos a eternidade dentro de cada um de nós.

★

NOTAS
1. White Buffalo Multimedia, *Ancient Prophecies, Future Visions* (multimedia script, Woodstock, Nova York).
2. John Jocelyn, *Meditations on the Signs of the Zodiac* (San Antonio, Texas: Naylor, 1966).
3. White Buffalo, *Ancient Prophecies*.
4. *Ibid*.
5. Peter Russell, *The Global Brain* (Los Angeles: J. P. Tarcher, Inc., 1982), 197-8.

Apêndice

A seguir, indicamos algumas associações e palavras-chave para os signos zodiacais e planetas. A lista da esquerda pode ser remodelada com a lista da direita. Ver referências para outras fontes.

Áries
Símbolo: Carneiro, Fogo, Cardeal, Primavera, Ascendente

agressivo	senso de responsabilidade
imprudente	desbravador
atrevido	ativo
irascível	entusiasta
machista	decidido
impaciente	despachado

Touro
Símbolo: Touro, Terra, Fixo, Primavera, Ascendente

possessivo	conservador
rígido	confiável
obstinado	firme
teimoso	perseverante
materialista	prático

Gêmeos
Símbolo: Homens Gêmeos, Ar, Mutável, Primavera, Ascendente

superficial	reflexivo
disperso	comunicativo
falante	argumentador
distraído	absorto
imitador	aprendiz
trivial	mestre

Câncer
Símbolo: Caranguejo, Água, Cardeal, Verão, Descendente

muito sensível	carinhoso
inseguro	emotivo
teimoso	zeloso
perseverante	protetor
ilógico	reflexivo
perdulário	receptivo

Leão
Símbolo: Leão, Fogo, Fixo, Verão, Descendente

egocêntrico	introspectivo
convencido	domínio de si mesmo
autoritário	individualidade forte
voluntarioso	criativo
carente	inocência
arrogante	corajoso

Virgem
Símbolo: Virgem, Terra, Mutável, Verão, Descendente

preocupado	cuidadoso
capacidade de análise	discernimento
exigente	meticuloso
reservado	senso crítico
detalhista	analista

Libra
Símbolo: Balança, Ar, Cardeal, Outono, Descendente

dependente de aprovação	afabilidade
inconsistente	harmonizador
procrastinador	ponderador
indeciso	equilibrado
crítico	analisador

Escorpião
Símbolo: Escorpião, Água, Fênix, Fixo, Outono, Descendente

enérgico	transformador
coercivo	regenerador
vingativo	renovador
destruidor	encorajador

Sagitário
Símbolo: Centauro atirando flecha para o céu
Fogo, Mutável, Outono, Descendente

convencido	compreensivo

enganador	perspicaz
obstinado	amor à justiça
crítico	conselheiro
exagerado	expansivo

Capricórnio
Símbolo: Cabra com a cauda de um golfinho
Terra, Cardeal, Inverno, Ascendente

competitivo	empreendedor
preocupado	previdente
detalhista	organizado
inflexível	cristalino
contraditório	criterioso
tacanho	conciso

Aquário
Símbolo: Homem com um vaso de barro regando a Terra
Ar, Fixo, Inverno, Ascendente

intelectual	abrangente
perturbador	conhecedor da dinâmica
obstinado	previdente
revoltado	inovador
hesitante	espírito de cooperação

Peixes
Símbolo: Dois peixes ligados, nadando em direções opostas
Água, Mutável, Inverno, Ascendente

distraído	pensador
pouco prático	sonhador
sentimental	solidário
enganador	inspirador
auto-ilusório	visionário

SOL, LUA E PLANETAS

Associações e palavras-chave para cada um dos habitantes do Zodíaco:

Sol, Centro do Coração

egoísta	conciente de si mesmo
sem instinto	consciente
envergonhado	percepção de si mesmo
afetado	espirituoso

soberbo
autoritário
auto-indulgente
ditatorial

potencial criativo
paternal
criança criativa
centro do poder

Lua, Criação

melancolia
suscetibilidade
condicionado
sufocante
dependência

subconsciência
sensibilidade
instintivo
maternal
boa criação

Mercúrio
Pensador e Comunicador, Visível, Planeta Interior

intelectual
conservador
superficial
fofoqueiro

idéias
judicioso
professor
comunicador

Vênus
Encantador, Visível, Planeta Interior

auto-indulgência
dependência
ansiedade
indiferença
vaidade

valores
atrações
desejo
afeição
talento

Marte
Precursor, Visível, Planeta Exterior

agressividade
egoísmo
impetuoso
violento
hostilidade
controvérsia

auto-proteção
executor
artista
penetrante
energia
perspicácia

Júpiter
Conselheiro, Visível, Planeta Exterior; o maior de todos os planetas

expansivo	sociabilidade
exagerado	abundância
hipocrisia	princípios
dogmatismo	ética
convencido	entusiasta
gastador	generoso

Saturno
Sacerdote-Administrador, o mais distante dos planetas visíveis a olho nu

severo	sábio
rígido	prático
reprimido	analítico, regulador
culpado	estruturador, arquiteto
pessimista	decano
problemático	iniciador
confinado	limites
medroso	cuidadoso
resistente	manifestante
provocador	conservador

Urano
Iluminador, Invisível, Planeta Exterior, o mais próximo dos planetas do aro

rebelde	originador, intuitivo inventor
explosivo	descobridor, imprevisto
estouvado	libertador, despertador
indisciplinado	libertador, iluminador, humanista

Netuno
Visionário, Invisível, Planeta Exterior, Planeta do aro

distraído	transcendendo a beleza e o amor
desiludido	natureza espiritual
irrealista	consciência mística, mítica

autopiedoso
ilusório
desordeiro
confuso

compaixão
sonhador
talento inspirador
idealista

Plutão
Transformador, Invisível, o mais distante dos planetas do aro

obsessões
compulsões

fanatismo

crueldade

aniquilação

mudanças básicas
repolarização,
transcendência
transmutação,
transfiguração
renovação, regeneração,
metamorfose
revitalização,
crisálida

As palavras-chave dos aspectos encontram-se no capítulo 7 e das casas, no capítulo 8. É possível juntar as palavras dos signos zodiacais, Sol, Lua e planetas, aspectos e casas, para compor uma variedade de sentenças, para descrever várias combinações astrológicas.

Sobre os Autores

Mary Orser é astróloga profissional e psicóloga desde 1969. Sua formação original foi nas áreas de jornalismo e psicologia, e ela sempre demonstrou interesse nas áreas de mitologia, misticismo, religião, profecia, tradições ocultas e suas relações com a ciência. Orser faz palestras e seminários nos Estados Unidos, trabalhando também como consultora para outros psicólogos sobre as indicações astrológicas de seus pacientes. Foi editora da revista *Main Currents in Modern Thought* e é autora de quatro outros livros sobre astrologia.

Richard A. Zarro vem lidando com técnicas de trabalho com a mente inconsciente por mais de 25 anos. Fez profundas pesquisas sobre a hipnose e estados alterados de consciência. É o fundador da Futureshaping Technologies, Inc., organizando seminários para homens e mulheres de negócios sobre a tecnologia do melhor desempenho — mais recentemente organizou seminários para a Panasonic e o International Banking and Credit Association. Escritor, poeta e artista premiado, fez palestras em universidades e faculdades em todo o território americano. Ele recebeu o diploma de *Practionner* de hipnose usando a Programação Neurolingüística (PNL), tendo sido treinado diretamente pelo dr. John Grinder. Para maiores informações sobre seminários, palestras e consultas particulares, ou para encomendar as fitas de áudio de *Mudando seu destino* citadas neste livro, escreva para Trans Tech, P.D. Box 489, Woodstock, NY 12498.

DAG GRÁFICA E EDITORIAL LTDA.
Av. N. Senhora do Ó, 1782, tel. 857-6044
COM FILMES FORNECIDOS PELO EDITOR
Imprimiu